Dr. Fernando Gomes Pinto

NEUROCIÊNCIA *do Amor*

Academia

Preparação: Luiza Del Monaco
Revisão: Elisa Nogueira, Clara Diament
Revisão bibliográfica: Erika Hoyoshi
Revisão de entrevistas: Lula Rodrigues
Revisão técnica: Camila Batista dos Santos Cechi
Projeto gráfico e diagramação: Maurélio Barbosa | designioseditoriais.com.br
Capa: Vitor Gentil
Foto de capa: Tabatha Hochreiter

CIP-BRASIL. CATALOGAÇÃO NA PUBLICAÇÃO
SINDICATO NACIONAL DOS EDITORES DE LIVROS, RJ

P728n

Pinto, Fernando Gomes
Neurociência do amor / Fernando Gomes Pinto. -- 1. ed. -- São Paulo : Planeta, 2017.

ISBN 978-85-422-0985-3

1. Neurociências. 2. Relações humanas. I. Título.

17-40262

CDD 612.8
CDU 612.8

2017

EDITORA PLANETA DO BRASIL LTDA.
Rua Padre João Manuel, 100 – 21º andar
Ed. Horsa II – Cerqueira César
01411-000 – São Paulo-SP
www.planetadelivros.com.br
atendimento@editoraplaneta.com.br

"As mais lindas palavras de amor
são ditas no silêncio de um olhar."

Leonardo da Vinci

SUMÁRIO

Introdução

O amor é o assunto mais interessante do mundo. É por causa dele que nos organizamos em sociedade. No campo das artes, ele sempre foi o tema mais abordado. Muitos livros, histórias, músicas, esculturas, peças teatrais, poesias, roupas, obras arquitetônicas e pinturas tiveram o amor como inspiração principal. Isso acontece porque a humanidade, ao reconhecer intuitivamente a importância desse sentimento, sempre se preocupou em expressá-lo, tratando da sua beleza e da sua harmonia ou dos problemas que a sua falta provoca.

Todas as religiões incluem o amor em sua doutrina. Então, independentemente de credo, todos sabemos que para estabelecer uma conexão com Deus é necessário trilhar o caminho do amor. A arte sacra também tem o amor como seu motivo principal.

Esse tema sempre foi tão intrigante que a filosofia helênica, na época da Grécia Antiga, chegou a considerar a paixão como causa da infelicidade humana, devendo então ser moderada ou controlada.

Na ciência contemporânea, o amor tem sido estudado principalmente por psicólogos e cientistas sociais. No início do século passado, a maior preocupação foi desvendar o mistério de como manter viva a estrutura do casamento para que a sociedade permanecesse estável. O foco desses investigadores era o casamento, a satisfação conjugal e o gerenciamento de conflitos. Entender o amor sob essa perspectiva foi crucial para o progresso do conhecimento que se tem sobre o tema.

O amor é a energia de atração mais sublime e motivadora para a manutenção ou a desagregação do matrimônio. Contato visual, abraços, beijos e observações positivas sobre o parceiro são sinais de afeto positivo muito importantes para que se tenha satisfação no casamento. E, mais do que a existência de conflitos, a ausência de afeto positivo entre o casal se mostrou o fator mais determinante na existência de problemas conjugais.

Durante o século XX, o foco científico migrou da satisfação matrimonial para o amor romântico, voltando-se para outras questões, como por qual motivo as pessoas se apaixonam, como é o processo de escolha de um parceiro específico e de que formas a personalidade e as experiências em relacionamentos anteriores influenciam esse processo. Afinal, o amor é livre, universal e gerador de felicidade, então não pode ser aprisionado. No entanto, ele acaba sendo graça e ao mesmo tempo desgraça quando se quer "controlar" os vínculos nascidos no "até que a morte os separe".

Foi a bandeira da ausência de controle que o movimento *hippie* defendeu na década de 1960. Na Era de Aquário, o amor livre era o mais importante para a felicidade dos seres humanos, independentemente dos gêneros envolvidos no relacionamento: homem-mulher, homem-homem, mulher-mulher ou relacionamentos múltiplos e simultâneos.

A neurobiologia do amor é um tema interessante dentro da neurociência social. O amor é responsável pela formação de vínculos nas classes dos mamíferos e dos pássaros, conduzindo-os para uma organização em casais. Estudos experimentais com animais monogâmicos e poligâmicos, exames de tomografia por emissão de pósitrons, ressonâncias magnéticas funcionais do encéfalo em humanos, determinação de perfis hormonais específicos e estimulações magnéticas transcranianas são os métodos científicos utilizados nas pesquisas atuais para descobrir como o cérebro funciona quando vivencia o amor.

Mas uma pergunta fica na cabeça: a ciência pode explicar o amor? Durante um intervalo do programa *Encontro com Fátima Bernardes*, conversei com a cantora Claudia Leitte sobre a importância do amor em sua vida. "Sei que você vai encontrar um monte de explicações científicas para um monte de coisas que acontece quando a gente ama, mas acho que a gente nunca vai conseguir explicar o amor, porque ele não é algo deste mundo. Em todas as situações pelas quais eu passo, acho que é imprescindível ter amor. Acho que é urgente ter amor", disse a cantora, que acredita que estamos nos esquecendo do quanto é importante estar presentes numa relação e atentos a ela. "Amor é a necessidade do outro. É saber que você não se basta sozinho."

O homem tem capacidade cerebral suficiente para experimentar o amor, a emoção mais nova do ponto de vista evolutivo. Conforme a teoria do cérebro "triúnico", elaborada na década de 1970 pelo médico e neurocientista Paul MacLean, o cérebro humano é organizado em camadas que constituem três unidades funcionais. Cada camada surgiu ao longo da evolução das espécies.

A camada mais interna é a mais antiga e primitiva, denominada cérebro reptiliano, em alusão à estrutura cerebral mais simples dos répteis, com tronco cerebral e os gânglios de base. É responsável pela sobrevivência e pela defesa do território.

A camada intermediária, mais nova, envolve o cérebro reptiliano e é conhecida como sistema límbico ou cérebro emocional. Ela tem relação com os processos de memorização, olfação e experiência das emoções. E, por fim, há a camada mais recente e superficial, conhecida como neocórtex, que está presente nos mamíferos superiores, sobretudo nos grandes primatas, com destaque no *Homo sapiens sapiens*. Esta última camada nos faz mais poderosos e capazes de sentir o amor e de perceber que ele é bom. Torna possível praticar o altruísmo de maneira consciente e entender a importância deste texto que você está lendo agora.

O principal objetivo do amor é a evolução e a manutenção da vida, pois, na natureza, as espécies de vida coletiva têm mais chances de sobrevivência. Uma das principais características do amor é ser "quente". É interessante observar que, para auxiliar na homeotermia (manutenção da temperatura constante do corpo), a proximidade entre dois corpos é instintiva quando os indivíduos estão num ambiente frio e inóspito. Para que isso aconteça antes do desespero do frio intenso, um indivíduo precisa aceitar outro dentro do seu espaço territorial individual.

Uma estrutura cerebral profunda, conhecida como hipotálamo, é responsável pelo controle da temperatura do corpo, bem como pelo gerenciamento do sistema nervoso autônomo e das emoções. Essa estrutura cerebral também é importante no controle hormonal, graças à sua íntima relação com as glândulas hipófise e pineal, que ficam dentro do cérebro, além de ser responsável pelo controle do sistema imunológico. Portanto, o hipotálamo é uma parte vital do nosso corpo e uma área de trânsito e execução de informações neuro-hormonais para o amor e para o relacionamento com o meio externo.

No caso dos humanos, a manutenção de um vínculo estável é importante para garantir a segurança ao longo do período de gestação e do crescimento dos filhos. O truque biológico para estimular esse vínculo é a ativação do circuito de recompensa cerebral, que provoca e garante prazer no curso desse processo.

Durante a paixão, o período de "adolescência" do amor, o cérebro funciona de forma diferente. Estudos de ressonância

Cérebro "triúnico"

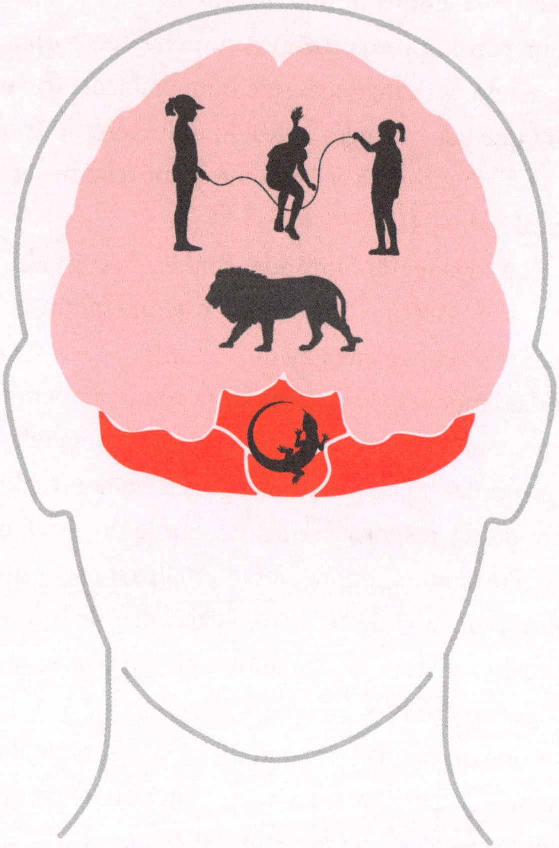

Neocórtex

Cognição

Pensamento

Psicoencéfalo

Emoção

Sentimento

Cérebro reptiliano

Instintos

Reflexos

Sobrevivência

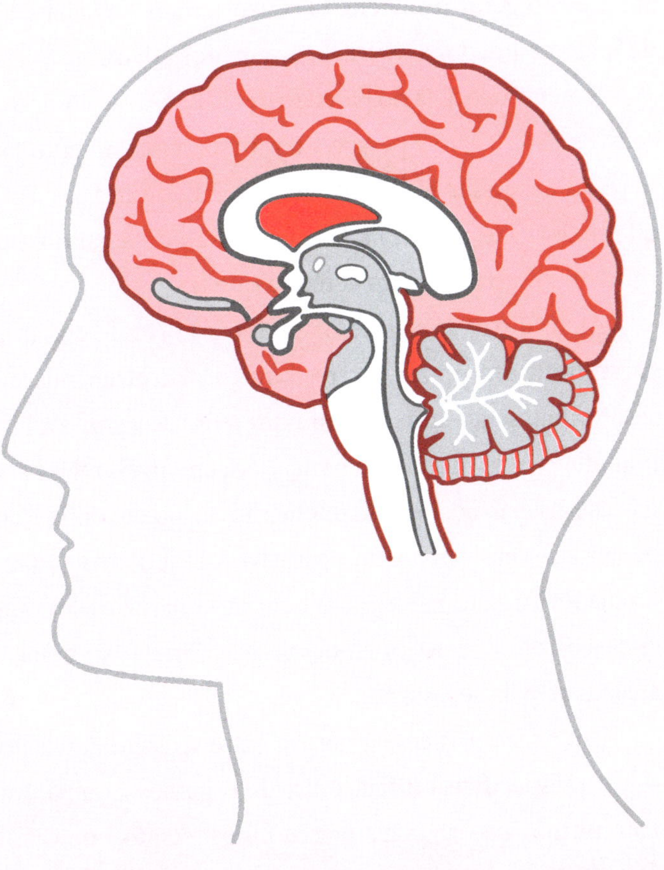

O cérebro "triúnico" humano: as emoções surgem dos mecanismos de sobrevivência e bem-estar (reflexos e instintos) e sustentam o processamento de informação, planejamento e execução de respostas adaptativas.

Imagem: Shutterstock

magnética funcional mostraram a ativação de algumas áreas específicas e indicaram que o sistema de recompensa se torna mais ativo, com mais dopamina, neurotransmissor responsável pela sensação de bem-estar e prazer, podendo até mesmo gerar um vício. O senso crítico e a capacidade de julgamento, por sua vez, ficam menos ativos.

A atenção focada no parceiro desejado e a diminuição do senso crítico levam a pessoa a ter um comportamento mais livre e a expressar seus sentimentos. É comum fazer coisas que mais tarde, quando a fase da paixão dá lugar ao amor romântico, a pessoa nem acredita que fez.

Além disso, apesar de os níveis maiores de dopamina garantirem um prazer incrível, outro neurotransmissor, a serotonina, segue um caminho diferente. Responsável pela manutenção do humor, ela se mantém em níveis mais baixos na fase da paixão, semelhantemente ao que acontece com pacientes com transtorno obsessivo-compulsivo. Quando o relacionamento não vai tão bem ou o parceiro se distancia, ocorrem alterações emocionais e surgem sintomas de ansiedade pela separação.

Um relacionamento amoroso entre seres humanos pode ser intraespecífico, ou seja, entre duas pessoas, ou parental. Este último ocorre entre pais e filhos, sendo que o amor maternal tem grande destaque pela relação física e biológica existente em todo o processo de gestação, parto e amamentação, etapas que implicam mudanças no corpo, na fisiologia e na ação dos diferentes hormônios que orquestram os eventos ao longo da vida da criança.

A estabilidade do amor maternal e do amor romântico tem relação com um hormônio chamado ocitocina. Essa substância modula o cérebro para permitir que você sinta um amor incondicional, no qual é capaz de dar a sua própria vida por outra pessoa, seja por um filho biológico ou adotivo ou por um grande amor. Nos seres humanos, o comportamento de fidelização tem relação com a vasopressina, um hormônio produzido no hipotálamo e liberado pela neuro-hipófise.

Neste livro, o foco é o romance entre duas pessoas. Estudos de comportamento humano mostraram que um relacionamento amoroso passa por algumas fases previsíveis, se não sofrer ruptura no processo. Primeiro, surge a paixão, que dura em média de seis meses a dois anos. Essa fase, rica de emoções intensas, progressivamente evolui para o amor romântico, quando o bem-estar pode ser usufruído de uma forma menos estressante. Depois, vem a fase do amor companheiro, que pode durar a vida inteira e contemplar os parceiros com uma expansão mental conquistada com a sincronia entre seus cérebros. Essa simbiose pode ser fundamental como suporte cognitivo e emocional do casal. Uma vida a dois garante um aumento de pelo menos três anos na expectativa de vida de um indivíduo.

Meu propósito é apresentar o estado da arte da neurociência do amor para o público geral e mostrar os caminhos que a ciência tem percorrido para desvendar os mistérios do amor. O objetivo principal é provocar a metacognição, ou seja, entender o processo mental e, a partir daí, estar mais preparado para as fases do amor. Metacognição é muito mais que autoconhecimento. Trata-se da compreensão racional dos processos mentais de determinado comportamento próprio ou de determinada habilidade cerebral. Ela só pode ser alcançada quando se usa atentamente o pensamento racional.

Com muito amor,
Dr. Fernando Gomes Pinto

Antes de começar, entenda seu CÉREBRO

O cérebro humano pesa um quilo e meio aproximadamente, o que corresponde a 2% da massa corporal de uma pessoa de 75 quilos, por exemplo. Apesar de relativamente pequeno, recebe 20% de todo o sangue bombeado pelo coração.

O cérebro é composto por células chamadas neurônios e é dividido em várias camadas com funções distintas. Neste livro, vamos citá-las com frequência, mas não se assuste. Basta você imaginar que o cérebro é como uma cebola, repleto de camadas, e que cada uma delas possui uma ou mais funções. Você precisa ter em mente (ou melhor, no córtex cerebral) que tudo que vamos abordar neste livro se passa no cérebro.

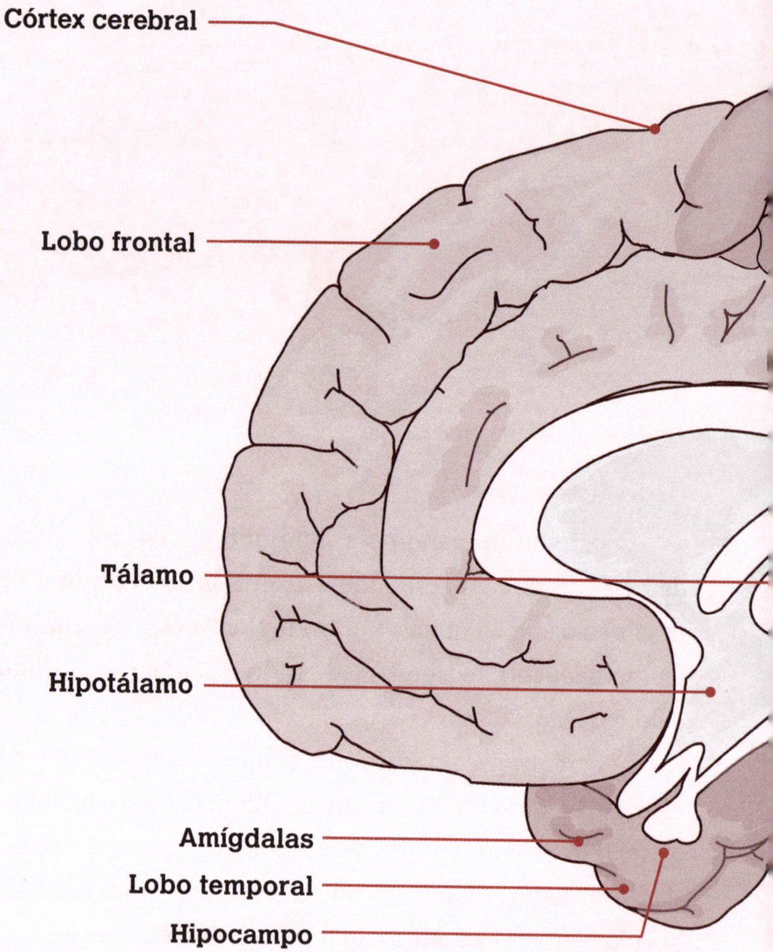
Córtex cerebral
Lobo frontal
Tálamo
Hipotálamo
Amígdalas
Lobo temporal
Hipocampo

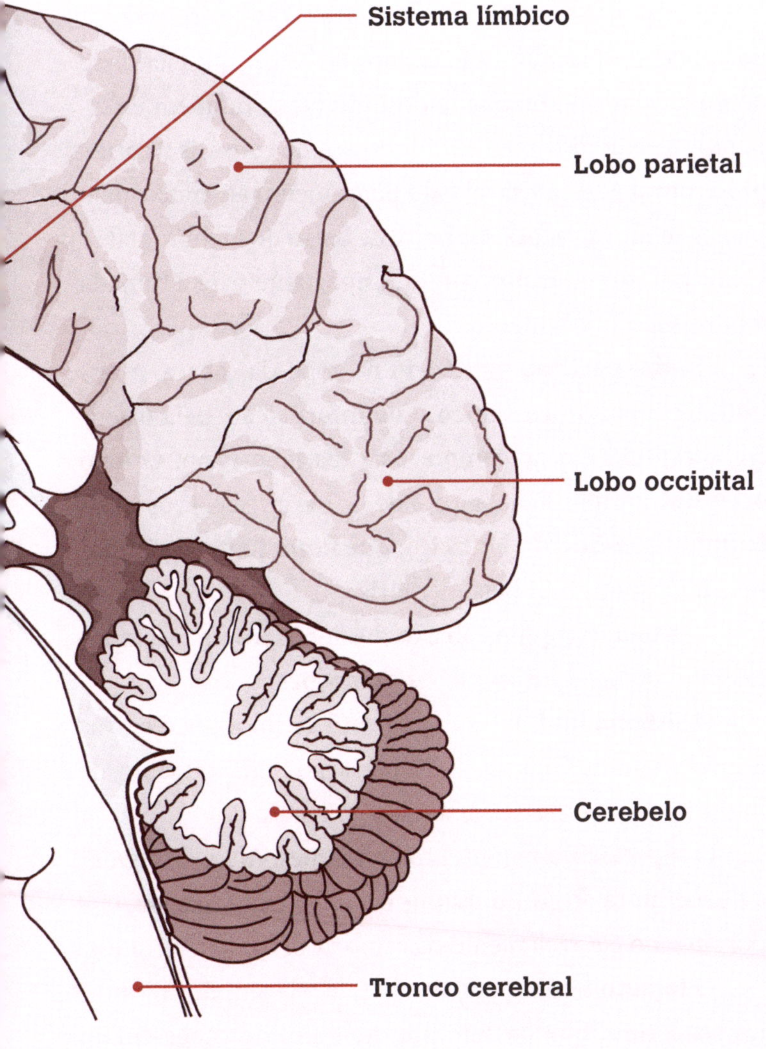

Imagem: Shutterstock

O **córtex cerebral** é a camada mais externa do cérebro, responsável pela inteligência, pelo raciocínio lógico e pela habilidade linguística. Também é conhecido como massa cinzenta.

O córtex está presente nos lobos. O **lobo frontal** é o que podemos chamar de a elite do cérebro, já que é onde se desenvolve a personalidade do indivíduo. Também é responsável pelos movimentos voluntários do corpo. Já o córtex **pré-frontal** é responsável pelo pensamento abstrato e pelo planejamento de ações. Na parte de baixo do lobo frontal se localiza o córtex **órbitofrontal**, importante para a tomada de decisões e julgamento.

O **lobo parietal**, localizado no topo da cabeça, é responsável pelo processamento de informação, pela orientação espacial e pela compreensão da linguagem. O lobo **occipital**, localizado na nuca, é dedicado à visão. Já os lobos **temporais**, **esquerdo** e **direito**, que ficam junto às têmporas, são responsáveis pela memória.

A **ínsula**, escondida abaixo dos lobos frontal e temporal, faz a ponte entre sensações e emoções.

O **sistema límbico** trabalha com as emoções relativas e involuntárias. Quando você passa por uma situação de muito estresse, é ele que assume o comando.

O **hipotálamo** tem múltiplas funções. Além de regular a temperatura do corpo, a fome e a sede, tem um papel importante no gerenciamento das emoções.

O **tálamo** é como um sistema de triagem dos estímulos sensoriais, que passam por ele antes de chegarem ao córtex cerebral.

As **amígdalas** são como uma central de segurança do cérebro. Elas identificam possíveis perigos e tomam providências.

O **hipocampo** armazena e gerencia a memória de longa duração.

O **bulbo olfativo** envia as sensações olfativas direto para o córtex, sem passar pelo tálamo.

Os **gânglios de base** são importantes na coordenação e nas atividades motoras.

O **tronco cerebral** é responsável pelas funções vitais, como o funcionamento do sistema respiratório e do coração.

O **cerebelo**, localizado na base do cérebro, é o centro de equilíbrio e coordenação do corpo.

1

PRIMEIRO PASSO

o desejo

VONTADE

CAPÍTULO

1

O instinto DE AMAR

Na vida intrauterina, durante o desenvolvimento do bebê, o cromossomo Y, caso esteja presente no embrião, induz ao desenvolvimento dos testículos a partir do ovário primitivo. Assim, do ponto de vista biológico, todos os seres humanos são inicialmente do sexo feminino. É apenas numa segunda fase da vida intrauterina que a exposição à testosterona proveniente do próprio testículo do bebê XY leva o cérebro a evoluir com características masculinas.

O cérebro do homem é maior e um pouco mais pesado que o da mulher, isso porque o corpo masculino é essencialmente maior. Além disso, o homem tem mais fibras de comunicação intra-hemisféricas, enquanto as mulheres possuem mais fibras inter-hemisféricas. Em razão disso, o homem possui maior tendência à especialização de tarefas, direcionando mais a atenção para atividades específicas.

Já as mulheres geralmente conseguem se envolver em um número maior de atividades simultâneas, mantendo a atenção em mais de um estímulo ao mesmo tempo e podendo alternar entre eles sem grandes dificuldades.

No caso dos homens, o funcionamento cerebral é mais assimétrico, ou seja, certas funções neurológicas, como a linguagem, estão predominantemente localizadas no hemisfério esquerdo, e a percepção espacial, por exemplo, está concentrada no hemisfério direito. Nas mulheres, as funções são mais distribuídas entre os dois hemisférios. Essas diferenças não impactam as funções intelectuais globais, mas sim funções específicas.

De acordo com pesquisas, o cérebro feminino também confere maior precisão ao desempenho de tarefas manuais, à fluência verbal, à rapidez no reconhecimento de faces e à cognição social. O cérebro masculino tem melhor desempenho no raciocínio matemático, nas habilidades motoras com alvos e em tarefas que envolvam relações espaciais.

Independentemente dessas diferenças, nós sempre nascemos sozinhos. Mesmo gêmeos idênticos, ou até gêmeos siameses, têm uma experiência única e individual no nascimento. Recordo-me que, em 2006, participei de uma equipe multidisciplinar para separar duas crianças que haviam nascido unidas pelo crânio. Durante a cirurgia e por todo o período prolongado de internação, uma questão rondou minha cabeça: como é a consciência de indivíduos que compartilham o mesmo cérebro? Nitidamente, as crianças eram únicas, com consciência e experiências individuais.

Somos gerados no ventre de uma mulher. Depois do nascimento, somos amamentados, cuidados, protegidos e preparados para interagir com o mundo externo. É preciso que isso seja feito porque nosso cérebro e nosso corpo não estão totalmente prontos após o nascimento. Precisamos de um tempo para nos desenvolver e crescer.

Nessa fase inicial, ainda não compreendemos que estamos recebendo amor dos nossos pais ou cuidadores. Para o bebê, tudo o que se passa à sua volta é entendido como seu direito óbvio de receber todo o carinho do mundo. A angústia da separação é vivenciada intensamente nessa época, pois a ausência da mãe do campo da visão é interpretada pelo bebê como um desaparecimento, pois ele ainda não possui uma representação interna da mãe. A segurança e o afeto só são vivenciados com a presença física da figura materna.

Mas, com o distanciamento progressivo da mãe, a criança ganha autonomia ao mesmo tempo que começa a entender o que é o amor e a saudade, devido à sensação da relativa falta que passa a experimentar com mais frequência.

Algumas teorias psicológicas apontam para a importância da relação entre mãe e bebê e de um ambiente acolhedor, seguro e amoroso para um desenvolvimento emocional saudável, pois essas experiências precoces vão determinar as expectativas que teremos com relação a nós mesmos e aos outros e a nossa percepção do mundo de modo geral.

Na adolescência, esse desenvolvimento se torna mais evidente. O corpo e o cérebro passam por um processo de amadurecimento final, que prepara o indivíduo para a procriação.

Sinais da puberdade:

NO MENINO

Primeiros sinais:

- ✓ Aumento dos testículos
- ✓ Formas masculinas, como ombros mais largos
- ✓ Crescimento do esqueleto
- ✓ Crescimento de pés, mãos e **músculos** em maior velocidade
- ✓ Desenvolvimento de características sexuais, como **pelos pubianos**

Últimos sinais:

- ✓ Primeira ejaculação
- ✓ Mudanças na voz
- ✓ Aparecimento de pelos no rosto
- ✓ **Crescimento do pênis**

NA MENINA

Primeiros sinais:

✓ Começam a crescer os **seios**

✓ Crescimento do **esqueleto**

✓ **Formas femininas**, como aumento do quadril e definição da cintura

✓ Crescimento dos pés, das mãos e dos **músculos** em maior velocidade

Último sinal:

✓ Primeira menstruação

* Se ocorrerem antes dos 8 anos nas meninas e antes dos 9 anos nos meninos, é preciso procurar um médico.

Imagem: Shutterstock

Durante a puberdade, aparecem as características sexuais secundárias: pelos, músculos, barba e voz grossa, no caso dos meninos, e pelos, seios, quadril e contornos delicados, no caso das meninas. Tudo isso acontece por influência dos hormônios testosterona e estrógeno, que modulam a aparência física.

Assim como os aspectos físicos do corpo, o comportamento também muda, e o desejo sexual começa a aparecer. Inicialmente, não se direciona a uma pessoa específica, mas a um gênero. Nessa fase, a testosterona é o principal hormônio, tanto nos homens como nas mulheres. Ele é responsável pelo aumento do desejo sexual por outras pessoas, modulando assim o comportamento humano em relação à sexualidade.

A menarca, primeira menstruação, muda de forma evidente a vida da menina. O menino, também na puberdade, sente-se impulsionado à masturbação, e a sua primeira ejaculação marca o início da trajetória sexual.

Aqui, já percebemos uma diferença: na menina, o processo é passivo, e, com a primeira menstruação, ela nota que virou mulher e que já pode procriar; o menino nota a mesma coisa, mas de modo ativo.

Esse desejo sexual inicial, inespecífico e latente, é importantíssimo para a manutenção da vida humana na Terra. E a luxúria e o tesão são fundamentais para começar qualquer boa história de amor. O desejo, a vontade e a disposição sexual aparecem para valer quando se chega à puberdade, mas nesse momento o que existe é a busca por união sexual com qualquer indivíduo atraente. Ainda não há o desejo específico por uma pessoa.

No cérebro, mudanças neurais também começam a se manifestar. As estruturas cerebrais predominantes são as amígdalas, localizadas uma de cada lado, nos lobos temporais do cérebro (não confundir com as da garganta), que ficam mais ativas em consequência da influência hormonal. Esses núcleos são considerados a porta de entrada para a parte emocional do cérebro, o sistema límbico. As amígdalas recebem informações sensoriais, processam-nas e liberam estímulos para o tronco cerebral, o giro do cíngulo e o hipotálamo, todos no cérebro.

Quando as amígdalas ficam menos ativas, permitimos que outras pessoas se aproximem. Elas deixam de ser vistas como uma ameaça, e um contato mais íntimo pode ter início. Como o córtex pré-frontal ainda está em desenvolvimento e, consequentemente, as capacidades de raciocínio, julgamento e autocontrole não estão totalmente prontas, esse contato íntimo pode ser experimentado com mais facilidade, mais frequência e até mesmo com maior risco. Nesse período da vida, a libido e o desejo se sobrepõem ao pensamento e à razão.

Diferentemente das outras espécies, os seres humanos desenvolveram a capacidade de arquivar suas experiências. Além da transmissão verbal de vivências para as gerações seguintes, é possível criar livros, filmes e fotografias, e, quando o assunto é sexo, produzir obras pornográficas para quem quiser assistir. Nos dias de hoje, com a globalização e o livre acesso a informações, essas obras estão mais acessíveis que nunca, a um simples toque no celular.

Um artigo científico publicado na revista *Behavioral Sciences*, em 2015, aponta que o vício em pornografia digital ativa mecanismos cerebrais similares aos vícios em qualquer substância, induzindo à dependência comportamental. É muito importante que esse comportamento seja reconhecido e tratado, pois o vício virtual pode incitar o indivíduo a ir além do que vê na tela e, de fato, tentar satisfazer a sua obsessão com pessoas no mundo real.

O cérebro humano herdou dos nossos antepassados a capacidade de fazer uma análise rápida, pela visão e pela audição, dos aspectos físicos de uma pessoa. Culturas e processos educacionais diferentes podem modificar ou atenuar essa tendência natural, mas, em geral, fazemos uma leitura neurobiológica rápida e simples menos de um segundo após o contato visual, antes mesmo que essas informações atinjam o nível da consciência.

A silhueta feminina em forma de ampulheta, por exemplo, com destaque para os quadris e os seios, chama a atenção do cérebro masculino. Nessa leitura, o quadril largo indica que a mulher tem uma bacia apropriada para uma boa gestação, e os seios fartos sugerem que os filhos serão bem amamentados. Já os ombros largos e os braços fortes de um homem provocam no cérebro feminino o prejulgamento de que aquele indivíduo será capaz de protegê-la durante todo o processo gestacional.

Ainda existem outras iscas poderosas, como o timbre de voz e o conteúdo da conversa, que impactam principalmente as mulheres, que ainda são mais auditivas que visuais nesse contato inicial. Rapidamente, elas buscam elementos que demonstrem que o homem é capaz, que é ou pode ser bem-sucedido e, sobretudo, que irá mantê-la protegida.

Na década de 1940, os pesquisadores Heinrich Klüver e Paul Bucy descreveram a síndrome neuropsiquiátrica que hoje carrega os seus nomes, a síndrome de Klüver-Bucy. Após remover os dois lobos temporais e a amígdala bilateral de macacos *rhesus*, os pesquisadores perceberam que os animais ficaram extremamente dóceis, hipersexualizados e hiperoralizados e que desenvolveram agnosia visual e problemas de atenção.

Na prática clínica, já me deparei com dois casos de pacientes que sofreram traumatismos cranianos com lesões cerebrais difusas, em várias partes do cérebro, e que tiveram consequências que coincidiam com a síndrome de Klüver-Bucy. Nesses casos, o que mais chamava atenção era a hipersexualidade que apresentavam. Em um dos casos, o paciente chegou a se masturbar em público, no pronto-socorro, em pé em cima da maca. No outro, a paciente comia bananas com casca e tinha feridas na vagina de tanto que se masturbava na enfermaria. Felizmente, ambos melhoraram na fase de reabilitação com o uso de medicamento.

A constatação científica de Klüver e Bucy foi um marco na compreensão da neurobiologia das emoções. Com seus estudos, percebeu-se que as amígdalas cerebrais são importantes estruturas do sistema límbico e estão totalmente envolvidas na regulação do desejo de ter um relacionamento físico com outras pessoas.

Em 2016, pesquisadores da Universidade de Dresden, na Alemanha, constataram e publicaram na revista *Nature* que quanto maiores forem as diferenças de compatibilidade genética e imunológica entre um casal, maiores serão o desejo e o grau de satisfação sexual que terão. O estudo analisou o comportamento de 254 casais e comparou amostras de DNA dos participantes, extraídas de células da parte interna da bochecha. É provável que o cérebro humano detecte essas diferenças através do olfato, mas inconscientemente, assim como fazem os peixes, as aves e outros mamíferos através dos feromônios, substâncias que podem provocar interesse sexual ou não.

É interessante notar que as informações olfativas penetram o cérebro através do teto da cavidade nasal, na lâmina crivosa, e não passam pelo tálamo. Na verdade, elas têm dois destinos: a área septal e o úncus, porção medial dos lobos temporais onde ficam as amígdalas cerebrais e os hipocampos.

Com o desenvolvimento das porções orbitofrontais, que são as últimas a amadurecer, passamos a usar as emoções para nortear as nossas decisões e para lapidar a nossa capacidade de empatia, habilidades essenciais em uma relação adulta.

NEURODICAS

1. A prática de atividades físicas pode aumentar a testosterona e melhorar a libido.
2. O uso de perfume pode provocar associações agradáveis e despertar a memória emocional do parceiro.
3. Se você sente atração por uma pessoa que nem todos acham bonita, seu sistema de incompatibilidade pode estar "falando mais alto". Siga seu instinto.

CAPÍTULO

2

Mais que emoção, O AMOR é motivação

O amor não é uma simples emoção, e sim um sistema motivacional integrado, que tem por objetivos a construção e a manutenção de uma relação íntima com determinado parceiro. Uma definição científica, mas não muito romântica, dirá que o amor é uma propriedade resultante de uma mistura antiga de neuropeptídeos e neurotransmissores, em outras palavras, de substâncias naturais produzidas no cérebro que atuam e modificam o seu funcionamento.

Esse sistema motivacional é ligado quando um indivíduo confere a certa pessoa atributos especiais e únicos capazes de acionar seu circuito de recompensa cerebral, satisfazendo algo previamente eleito como necessário. Isso acontece de repente, como uma flechada certeira de Cupido, conforme descreveu a mitologia greco-romana.

Essa faísca inicial ainda é um mistério para a ciência. Sabemos que os homens se apaixonam mais que as mulheres e que diferenças culturais influenciam esse processo, mas estudos sociológicos demonstram que o amor romântico é universal e transcultural.

O amor romântico é mais forte que a simples atração sexual. Ao observarmos o comportamento humano, raramente encontramos casos de suicídio ou de assassinatos motivados por uma rejeição sexual. Entretanto, existem inúmeros relatos de depressão clínica e de crimes passionais associados a pessoas que foram abandonadas ou traídas por aqueles a quem amavam.

Quando uma pessoa está apaixonada, muitas coisas acontecem em sua vida. A pessoa amada se torna fascinante e preciosa. Notam-se aumento da energia dispensada a ela, incremento da atenção seletiva, seguimento obsessivo do parceiro, afloramento do sentimento de guarda, uso de gestos de afiliação (uma tatuagem em homenagem ao outro, por exemplo), comportamento orientado para um objetivo e motivação para conquistar a preferência do parceiro. Os níveis de testosterona, adrenalina, noradrenalina e dopamina aumentam enquanto o nível de serotonina diminui, causando até alterações físicas.

Tudo isso acontece porque o circuito de recompensa cerebral é mais estimulado no cérebro do apaixonado. A paixão acende a esperança de sair de uma situação de desconforto e vivenciar o prazer e a satisfação. Ela usa o mesmo circuito cerebral ativado pelo consumo de drogas, por isso é viciante.

Construir um relacionamento pode até mesmo não ser uma preocupação inicial, porém uma pessoa específica pode desempenhar um papel tão intenso na ativação do circuito de recompensa cerebral que provoque um julgamento hipervalorizado de sua beleza, caráter, habilidades e qualidades. Isso chega a cegar psiquicamente o apaixonado, fazendo com que ele não enxergue os defeitos do outro ou os minimize ao extremo, pois, como já foi dito, ocorre, em paralelo, um rebaixamento das funções cerebrais que controlam a crítica, o pensamento e a razão. Nesse momento, o outro é idealizado pelo apaixonado, e, em função disso, linhas de pensamento absurdas podem ser aceitas sem hesitação.

Essa "cegueira" muitas vezes nos impede de prever as consequências dos nossos atos. É como entrar em um labirinto sem ter a menor ideia de qual é o melhor caminho até a saída. Por isso, algumas decisões só deveriam ser tomadas após essa fase de encantamento. O famoso *test drive* sempre vale a pena antes de um impetuoso pedido de casamento, pois, no futuro, a decepção e o transtorno podem ser muito grandes.

Sintomas de ansiedade e estresse também podem acompanhar a paixão, pois o desejo e a expectativa de agradar o outro, de conquistar a pessoa almejada e de manter o relacionamento aumentam o nível de exigência sobre si mesmo. São sintomas que precisam ser gerenciados, pois podem ser positivos, no sentido de impulsionar o indivíduo para o alcance do seu objetivo, mas também negativos, caso sejam muito intensos. Quando estamos ansiosos ou sob o efeito

Como ocorre

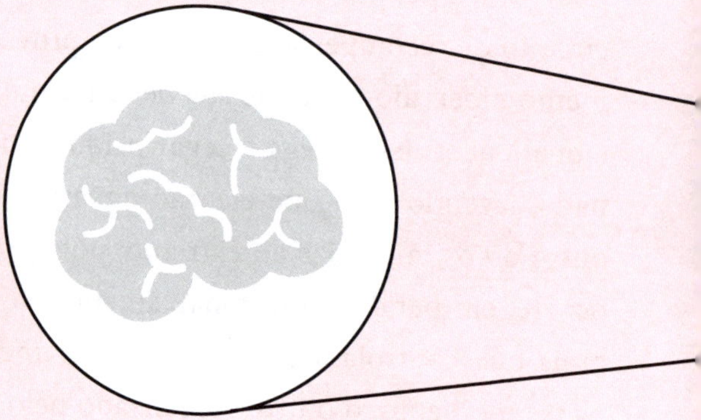

A atração física faz o cérebro liberar hormônios e neurotransmissores:

↑ **Aumenta** ↓ **Diminui**

↑ Testosterona – responsável pelo desejo por outra pessoa

↑ Adrenalina – aumenta a frequência cardíaca, fazendo o coração bater mais rápido

↑ Noradrenalina – dá mais energia, aumenta a energia e tira o sono e a fome

↑ Dopamina – provoca a sensação de prazer e bem-estar

↓ Serotonina – faz o indivíduo ficar mais obsessivo

Imagem: Shutterstock

do estresse, certas capacidades cognitivas como raciocínio, atenção e memória, importantes até para a manutenção de uma simples conversa, ficam prejudicadas.

Ter uma pessoa para quem possa falar qualquer coisa sem ser recriminado, e ainda por cima ser elogiado e validado, é um desejo latente do ser humano. Geralmente, na infância, os pais validam tudo o que o filho diz ou faz, acostumando-o, de certa forma, a essa situação. Quando uma pessoa está apaixonada, esse desejo de ser reconhecida é ainda mais intenso. Nesse momento, receber um elogio qualquer já faz com que a pessoa sinta um enorme prazer, e isso se deve à liberação de dopamina no circuito de recompensa cerebral. Nas primeiras ocorrências desse enaltecimento, o sistema nervoso autônomo simpático pode ser estimulado, causando manifestações físicas intensas, como taquicardia, dilatação das pupilas, nervosismo e rubor. Com o tempo, isso deixa de acontecer.

Existe uma tendência a respostas imediatas diante de um elogio, e, em cada caso, elas são influenciadas por fatores genéticos, ambientais, sociais e culturais. Uma rápida interpretação do elogio pelo cérebro determinará o padrão de resposta. Quando uma mulher recebe um elogio de uma colega, por exemplo, "Como você está linda!", a reação poderá ser uma risada ou ainda um olhar de desconfiança. Se o mesmo elogio vier de um homem que ela admira, a resposta pode ser completamente diferente: ela pode ficar sem graça, esboçar um sorriso e agradecer, sentindo-se completamente lisonjeada.

Pesquisadores japoneses, interessados no efeito cerebral causado por um elogio, reuniram voluntários para uma pesquisa e identificaram que aqueles que foram elogiados apresentaram melhor desempenho na tarefa (no caso, digitar uma ordem específica de caracteres o mais rápido possível) e uma ativação do corpo estriado.

O elogio causa um reforço positivo no cérebro, que aumenta a confiança e a vontade de repetir o que foi validado pelo admirador. Isso se reflete também no corpo, e não apenas momentaneamente, pois certos efeitos, como alegria, redução do estresse e controle da ansiedade, também podem ser sentidos a longo prazo. Além disso, o elogio estimula e reforça o sistema imunológico. Aos poucos, desenvolve-se uma dependência emocional, mas ela é criada de forma tão agradável que a vontade do apaixonado é que ela nunca chegue ao fim.

Bem no início do relacionamento, algumas barganhas podem ser conseguidas, com um forte impacto na mudança de hábitos. Os elogios ao corpo geralmente farão com que a pessoa continue se exercitando ou mantendo uma dieta, o que colabora para a manutenção de um estilo de vida saudável. Em outros casos, uma pessoa pode abandonar um vício, como fumar, por exemplo, se isso for uma premissa fundamental para o romance. Nessas situações, a tentação é vencida em prol da aprovação da pessoa amada.

Por outro lado, reações intensas a elogios podem acabar por bloquear a originalidade e a criatividade. Convido você a refletir sobre a seguinte frase de Freud: "Podemos nos defender de um ataque, mas somos indefesos diante de um elogio". Eu diria que somos *absolutamente* indefesos diante de um elogio *de quem amamos*. E principalmente no início da paixão.

Na paquera, busca-se, numa infinidade de opções, o melhor e mais recíproco relacionamento. O desejo de amar e ser amado confunde-se com o amor, e é essa energia mental que motiva nossos padrões de comportamento.

NEURODICAS

1. Faça elogios e agradeça quando os receber.
2. Não tome decisões importantes durante a fase de encantamento.
3. Identifique e experimente todas as fases do amor.

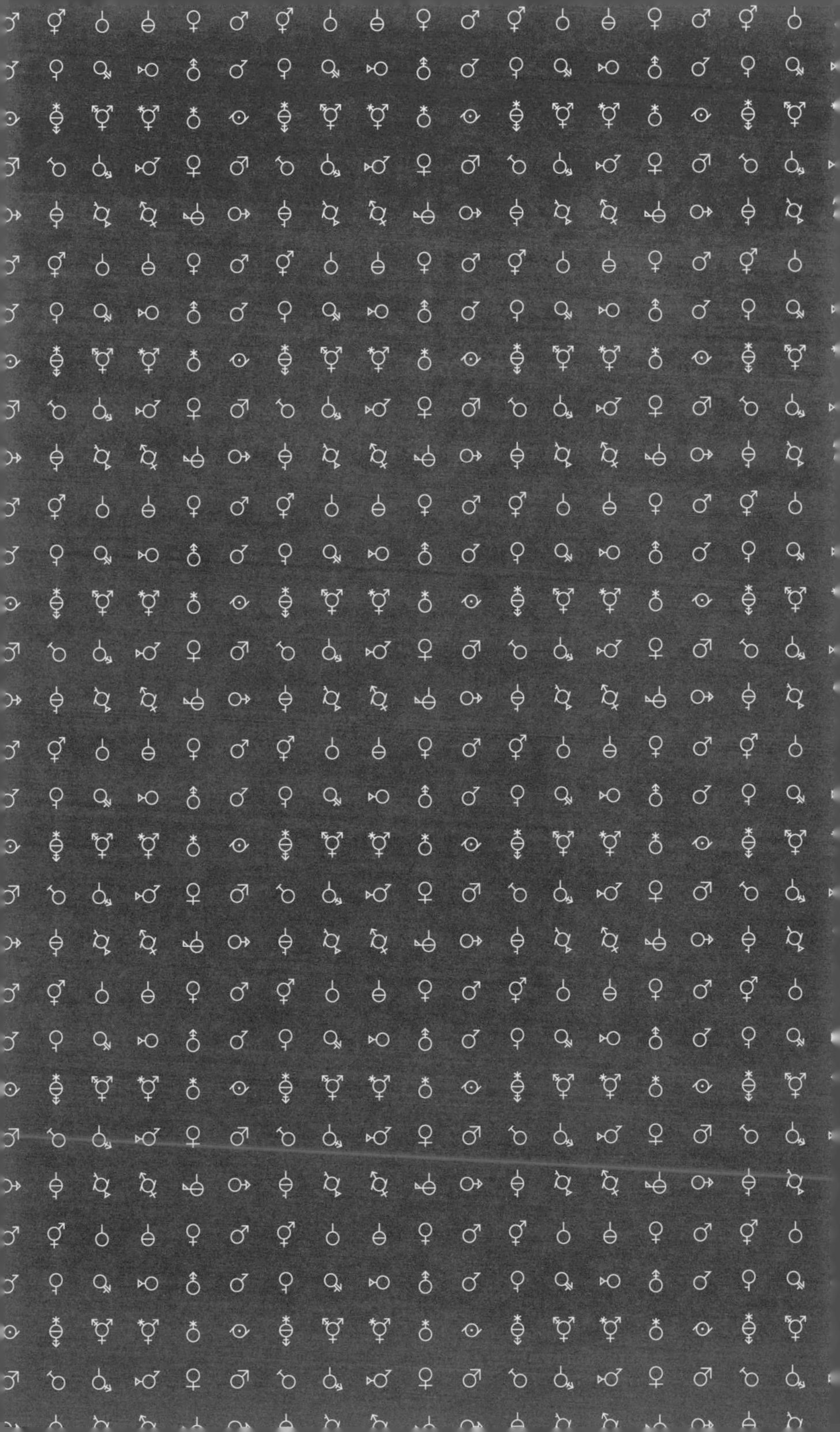

2

SEGUNDO PASSO

a conquista

PAQUERA

CAPÍTULO

3

FLERTE,
contato visual e sedução

"A primeira impressão é a que fica." Você certamente já ouviu essa frase. Quando o assunto é a paquera, a impressão inicial é fundamental.

A mente humana é muito sensível a imagens, cores e padrões visuais. Dentre os cinco sentidos, a visão se destaca, no primeiro momento, como principal porta de entrada de novas informações para o cérebro. O cérebro masculino é ainda mais sensível a esse tipo de informação. Por isso, a estratégia de se arrumar para conquistar um homem funciona. A pornografia, por exemplo, tem mais apelo entre eles do que entre elas.

O cérebro feminino, por sua vez, é mais sensível à audição. Dessa forma, a voz, a conversa e a comunicação verbal são muito importantes num primeiro encontro, por isso o cérebro masculino precisa ter o poder de impressionar com as palavras.

Um estudo realizado na Universidade de Aberdeen, no Reino Unido, e publicado na revista *Memory & Cognition* mostrou que vozes masculinas mais graves, além de serem preferidas pelas mulheres na hora de escolher o parceiro, podem ter influência na memória feminina. Nesse estudo, vozes masculinas agudas e graves, reais e geradas por computador, foram associadas a diferentes objetos, e os resultados apontaram que as mulheres se lembraram mais dos objetos associados às vozes masculinas graves.

Em outro estudo, realizado nos Estados Unidos, pesquisadores gravaram as vozes de 149 voluntários, homens e mulheres, e classificaram-nas em uma escala que ia de "nada atraente" até "muito atraente". No resultado, notou-se que as vozes consideradas mais atraentes eram de pessoas com características físicas que também faziam mais sucesso.

Um trabalho científico espanhol mostrou que ocorre uma sincronia elétrica no cérebro instantes após vermos algo ou alguém que achamos bonito. Com essa mudança momentânea, que vem acompanhada de uma sensação agradável, nosso instinto defensivo em relação à aproximação daquela pessoa é desarmado. As amígdalas cerebrais silenciam suas atividades relacionadas a emoções como raiva e repulsa. Dessa forma, favorece-se um contato mais íntimo.

O escritor e filósofo Camilo José Cela-Conde, junto com colaboradores, analisou o cérebro de dez homens e dez mulheres, estudando como reagiam à beleza. O resultado apontou que as atividades elétricas cerebrais diante de estímulos considerados bonitos são significativamente diferentes nos dois sexos. Os pesquisadores afirmam que o processo evolutivo propiciou essa diferenciação no funcionamento cerebral, sendo as mulheres consideradas coletoras e os homens, caçadores. Apesar de existirem consensos universais, a percepção da beleza é subjetiva. Simetria facial, estatura corporal e roupas adequadas às medidas do corpo e à ocasião são fatores importantes, mas o ditado popular "Quem ama o feio bonito lhe parece" demonstra com sabedoria a alteração na percepção cerebral quando se ama. Isso também pode ser explicado do ponto de vista científico, pois quando existe afeto positivo a imagem da pessoa desejada passa a ser considerada bela e provoca a mesma sincronia elétrica dentro do cérebro.

Um estudo recente da Universidade de Hamilton, nos Estados Unidos, mostrou que ver um rosto muitas vezes pode acabar por torná-lo atrativo. Isso desvenda o mistério de por que, em muitos casos, uma pessoa passa a se sentir atraída por outra após vários encontros. Ou seja, mesmo que a primeira impressão não seja das melhores, nem tudo está perdido. Embora as múltiplas mudanças psicológicas certamente contribuam para essa evolução constante da percepção do outro, uma parte importante do fenômeno pode ser atribuída à mudança gradual na atratividade pela repetição da mesma imagem.

O reconhecimento do rosto do outro, ao vê-lo novamente, acontece no lobo temporal, principalmente no giro fusiforme, que fica na parte inferior deste lobo. Essa região cerebral também é envolvida no reconhecimento de silhuetas e corpos. Isso foi percebido com exames de ressonância magnética funcional, que comprovaram o aumento da irrigação sanguínea e da atividade elétrica no giro fusiforme quando focamos nossa visão em um ponto específico ou em um objeto em uma sala, o que indica que essa área desempenha um papel importante nesse processo.

Em 2015, Takahashi e colaboradores de Osaka, no Japão, publicaram resultados de uma pesquisa muito interessante. Nela, dez indivíduos heterossexuais, sendo seis mulheres e quatro homens, todos em relacionamentos estáveis com duração média de dezessete meses, foram submetidos a exames de neuroimagem PET SCAN enquanto fotos dos seus respectivos parceiros, por quem sentiam amor, e de conhecidos, por quem tinham um sentimento neutro, eram exibidas. Durante a tarefa, os indivíduos tinham de dar notas de zero a cem às suas sensações diante de cada foto, sendo zero correspondente à ausência completa de excitação e cem correspondente ao grau máximo de excitação. Também foram monitoradas as atividades do sistema nervoso simpático, com base na medida da frequência cardíaca, na amplitude do pulso cardíaco, na frequência respiratória, na condutância e na temperatura da pele e do corpo. Além disso, um marcador biológico, antagonista do receptor de dopamina D2/D3, foi utilizado para identificação das áreas cerebrais de ativação do sistema de neurotransmissão dopaminérgica. Foi provado que a dopamina é um neurotransmissor fundamental na formação de casais de arganazes-do-campo (roedores monogâmicos), daí o interesse nesse neurotransmissor.

Os resultados foram claros. A atividade do sistema nervoso simpático, relacionada à reação de alerta, foi mais intensa quando as fotos dos parceiros foram exibidas, comprovando a excitação física que se sente quando se tem qualquer tipo de contato com a pessoa amada, como o aumento das frequências cardíaca e respiratória, por exemplo. Além disso, foi comprovada a ativação do sistema dopaminérgico, com liberação de dopamina nos córtex orbitofrontal e pré-frontal medial. O córtex orbitofrontal também faz parte da porção emocional do cérebro, e trabalhos científicos já mostraram seu papel na percepção da beleza.

O flerte e o contato visual são, portanto, os primeiros gatilhos para o início do processo amoroso dentro do cérebro. Cientistas suspeitam que a produção cerebral de um neurotransmissor, a feniletilamina, pode ser desencadeada apenas por trocas de olhares e até mesmo por um aperto de mãos. Esse neurotransmissor pode ser responsável por grande parte das sensações e das mudanças fisiológicas que apresentamos quando estamos apaixonados.

Como a flecha certeira do cupido, um olhar pode ser lançado e percebido em qualquer ambiente: restaurantes, boates, parques, escola, rua, praia ou trabalho. As pessoas essencialmente mais sedutoras observam mais e procuram contato visual, buscando admiração e sintonia mental. A sedução acontece com o poder do olhar e funciona como uma hipnose no cérebro.

A interpretação da postura corporal e do olhar de outra pessoa pode oferecer os indícios necessários para saber se o flerte será bem-sucedido e retribuído. No livro *O corpo fala*, um best-seller de Pierre Weil e Roland Tompakow, os autores exploram a linguagem silenciosa da comunicação não verbal e apresentam muitas dicas sobre esse tema. Por exemplo, numa roda de conversa, o corpo e os pés de uma pessoa geralmente estão voltados para quem ela considera mais interessante e atraente. Trata-se de uma linguagem quase sempre inconsciente, o que significa que você pode tentar controlar e medir suas palavras, mas será muito difícil controlar a sua manifestação corporal. O corpo é o primeiro a denunciar uma emoção. Tanto é que os atores, além de decorar suas falas, precisam incorporar a essência do personagem para transmitir, através de gestos, posturas e movimentos, a linguagem como um todo.

Em um trabalho desenvolvido no Zoológico de São Paulo, do qual participei, notamos que o contato visual direto entre os orangotangos pode ser interpretado como um desafio. Isso é ainda mais evidente no caso dos gorilas. Vale lembrar que so cérebros desses dois animais são semelhantes aos nossos, porém menores.

Contudo, se a comunicação corporal pode ser desafiadora, a expressão facial pode facilitar tudo. Um rosto tranquilo, com um belo sorriso, mostra ao pretendente que não haverá resistência à sua aproximação. Mais profundamente, no cérebro, o sistema límbico passa a ver aquela pessoa com simpatia, entendendo que não representa um adversário ou um inimigo, mas sim alguém que pode provocar momentos de prazer e bem-estar. No entanto, sempre precisamos levar em consideração que podem existir diferenças culturais que interfiram nessa interpretação.

Na Universidade de Kyoto, no Japão, foi desenvolvido um estudo em que 26 voluntários foram divididos em dois grupos com o intuito de testar sua inteligência linguística em situações em que havia ou não contato visual. A tarefa que receberam consistia em associar determinada palavra, dada pelos pesquisadores, a um verbo específico. Por exemplo, a palavra "faca" deveria ser associada ao verbo "cortar". Quem dava as palavras era um rosto projetado na tela de um computador, sendo que com um dos grupos houve contato visual contínuo enquanto com o outro grupo o rosto computadorizado olhava sempre para baixo.

Os resultados apontaram que o segundo grupo teve um desempenho melhor, pois o grupo que manteve contato visual constante gastou mais tempo para encontrar os verbos corretos. E quanto mais difícil a associação de palavras, maior foi a diferença na comparação dos dois grupos.

Esse experimento demonstra que ambas as tarefas, de comunicação verbal e não verbal, exigem um esforço mental. O contato visual direto, como o que ocorre em um flerte, apesar de demonstrar sinceridade e confiabilidade, dá um trabalho adicional para o cérebro. Neste momento, é bom iniciar uma conversa menos complicada, que será menos desgastante e provavelmente não exigirá toda a capacidade cognitiva de comunicação verbal, nem sua e nem do pretendente.

Uma estratégia interessante para "enganar" o seu cérebro é alternar o foco do olhar, formando um triângulo invertido no rosto do pretendente, que vai do olho direito para o olho esquerdo e depois para a ponta do nariz. Com isso, a pessoa que recebe seu olhar terá a impressão de ser olhada nos olhos, mas a execução deste tipo de movimento é gerenciada pelos lobos frontais, preservando as capacidades cognitivas e as habilidades de comunicação verbal.

Há ainda alguns estudos interessantes que relacionam o cheiro à escolha de parceiros. Um deles, realizado na Universidade Estadual da Flórida pelos cientistas Saul L. Miller e Jon K. Maner, constatou que os homens que cheiraram camisetas de mulheres no período fértil tiveram níveis de testosterona mais elevados do que aqueles que cheiraram camisetas usadas por mulheres que não estavam ovulando. Eles classificaram o "cheiro do período fértil" como mais agradável. Para a realização desse estudo, as mulheres usaram as camisetas durante três noites, estando elas em diferentes fases dos seus ciclos menstruais, e voluntários do sexo masculino foram chamados para cheirar as peças usadas pelas mulheres. O controle dos níveis de testosterona dos homens foi feito com amostras de saliva coletadas antes e após o contato com as roupas.

Já as mulheres tendem a preferir parceiros com características mais masculinas quando estão em seu período fértil, segundo um estudo da Universidade da Califórnia publicado no *Psychological Bulletin*, por Kelly Gildersleeve, Martie G. Haselton e Melissa R. Fales. Nesse caso, os pesquisadores revisaram cinquenta estudos sobre o assunto e concluíram que o sexo feminino evoluiu para preferir, em encontros casuais, parceiros com comportamento dominante, certo tipo físico e facial e determinado odor corporal. Essas mesmas características, porém, não são procuradas em pretendentes para relacionamentos longos.

NEURODICAS

1. Arrume-se.
2. Mostre seu rosto muitas vezes.
3. Sorria sempre.
4. Evite contato visual direto por muito tempo.

CAPÍTULO

4

o CHARME e o ENCANTAMENTO da primeira conversa

Tudo perfeito. O flerte já aconteceu e deu certo. E agora seu objetivo principal é saber mais sobre aquela pessoa por quem você se encantou.

A primeira isca certamente foi a impressão visual causada pela pessoa ou possíveis comentários e elogios que você tenha ouvido sobre ela. Neste último caso, o seu cérebro estará ainda mais envolvido, pois a sua imaginação já terá começado a trabalhar para criar uma imagem dessa pessoa há algum tempo.

O ato de imaginar é executado pelos lobos frontais, criando possibilidades futuras, sejam elas prováveis ou não. Nesse processo, memórias pessoais de relacionamentos anteriores são misturadas a informações do pretendente atual, sob o comando do sistema límbico, envolvendo emoções que despertam desejos ou receios.

No passo seguinte, uma conversa dará início a um contato mais íntimo. Se essa conversa acontecer pessoalmente, será mais intensa ainda, porque outra potente entrada sensorial, além da visão e da audição, também terá lugar na jogada: a olfação.

O olfato humano é capaz de reconhecer até 10 mil cheiros, e as mulheres são mais sensíveis a eles do que os homens. Algumas pessoas têm geneticamente mais sensibilidade no olfato do que outras. Quando sentimos um cheiro, as partículas inaladas estimulam neurônios que ficam na parte superior da cavidade nasal. São criados impulsos elétricos que trafegam pela via neurológica do olfato, na base do cérebro, até duas regiões distintas: o úncus, no lobo temporal, dentro da parte emocional do cérebro, e outra região na área septal, relacionada à sensação de prazer.

Ao sentir um aroma, o cérebro imediatamente o classifica como agradável ou desagradável. Isso acontece instintivamente e tem relação com a preservação da nossa saúde. Por exemplo, o odor de uma infecção urinária provoca repulsa imediata e pode, inclusive, interromper o desejo sexual em curso, sinalizando que há algo de errado. Nesse caso, a concepção, que o ser humano instintivamente considera o resultado de uma relação sexual bem-sucedida, estaria potencialmente comprometida pela existência de uma doença.

Uma pesquisa feita por cientistas da Universidade de Berkeley, nos Estados Unidos, trouxe mais uma prova da importância do olfato. No seu estudo, eles constataram que um componente químico chamado androstenediona, um derivado da testosterona encontrado no suor masculino, é capaz de alterar os níveis hormonais de mulheres apenas através do olfato.

Além disso, insetos, anfíbios, répteis e mamíferos exalam substâncias que servem como sinalizadores químicos sociais, os feromônios, que desempenham um papel fundamental na aproximação sexual.

Os feromônios são captados pelo órgão vomeronasal, que fica entre a cavidade nasal e a bucal e tem grande importância na detecção de hormônios e na percepção do cio e do comportamento sexual de fêmeas e machos. Os peixes, apesar de não terem esse órgão, utilizam seu sistema olfativo para detectar feromônios. Nos humanos, há uma reminiscência desse órgão, o que abre espaço para suposições afrodisíacas.

Do ponto de vista instintivo e biológico, o sistema imunológico também orienta nossas escolhas e preferências. Em 1995, pesquisadores demonstraram que a similaridade de HLA (sigla em inglês de antígeno leucocitário humano, ou seja, parte do complexo principal de histocompatibilidade) afeta nossa preferência olfativa. Claus Wedekind e colaboradores mostraram em seu estudo que 49 mulheres deram preferência ao odor do corpo de homens que tinham HLA diferentes em detrimento do odor de homens que tinham HLA similares aos delas.

É interessante que, geralmente, há preferência visual pelo rosto de indivíduos com HLA similares, mas, quando o assunto é cheiro, a preferência é por alguém com HLA não similar. Isso foi apontado pelos pesquisadores Jan Havlicek

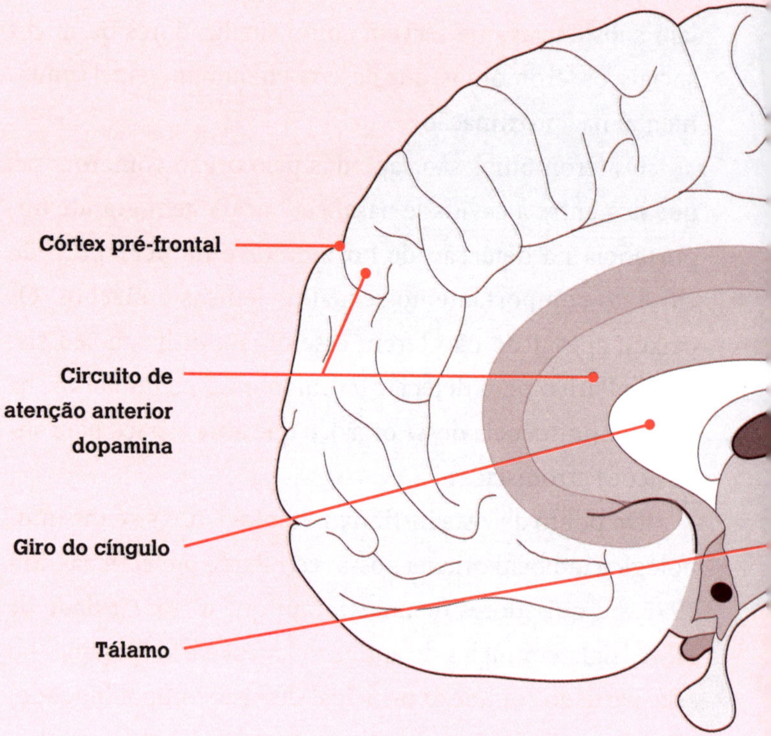
Córtex pré-frontal
Circuito de
atenção anterior
dopamina
Giro do cíngulo
Tálamo

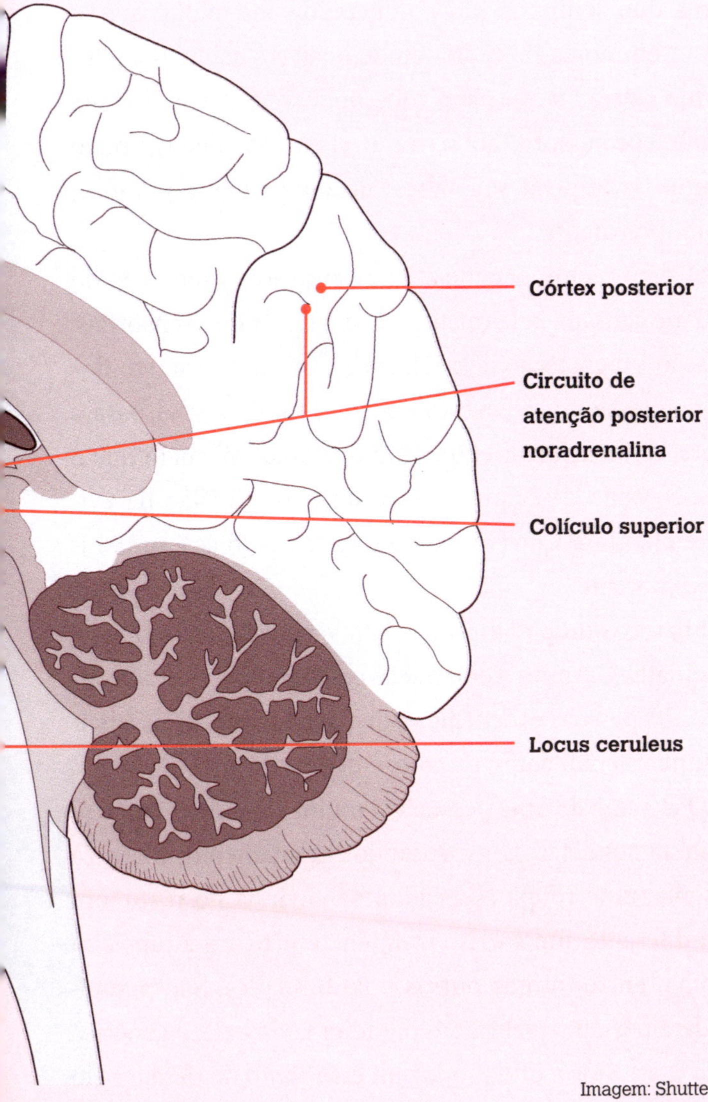

Imagem: Shutterstock

e Craig Roberts, que apresentaram, em 2009, uma teoria de que os sistemas visual e olfativo se complementam com o objetivo de garantir o melhor padrão genético na prole.

Depois da classificação imediata feita pelo cérebro, os cheiros que sentimos são comparados aos dados que já existem em nossa memória emocional. Ao sentir o cheiro de uma borracha escolar, você pode se lembrar da sua primeira professora; ao sentir o cheiro de determinado perfume, você pode se lembrar do seu primeiro namoro; e assim por diante.

O cheiro é importante até no beijo, pois a sensação do paladar é causada pela mistura de duas entradas sensoriais: a olfação e a gustação. Por isso, já no primeiro contato dos lábios nota-se um elemento que será fundamental para a história do relacionamento. Muitas pessoas afirmam que o primeiro beijo determina o tom do namoro. Não há evidência científica que comprove essa teoria, mas é uma hipótese coerente.

Em um estudo realizado na Universidade de São Paulo, a psiquiatra Carmita Abdo e seus colaboradores entrevistaram 7.103 pessoas e identificaram que para 89% delas o beijo é fundamental antes, durante e depois do ato sexual.

O charme de uma pessoa vai muito além do olfato e se manifesta nos detalhes, provocando encantamento: uma gola mais alta, uma roupa especial, uma covinha no rosto, um olhar diferente, um sorriso um pouco torto, uma cabeleira grisalha, entre muitas outras possibilidades. São pequenos detalhes que quebram o paradigma da beleza genérica aceita por todos e que produzem esse efeito de desejo pelo outro. O charme torna uma pessoa única. Ele mostra o estilo de cada indivíduo, com um impacto cultural que vai além da nossa herança biológica. Por exemplo, uma mulher pode ficar muito charmosa em sandálias de salto alto, mas salto alto nunca existiu na natureza.

Durante a primeira conversa com um pretendente, escute com atenção. Quando permite que alguém fale abertamente sobre suas experiências pessoais, crenças e impressões, você transmite ao outro uma sensação extremamente agradável.

A primeira conversa é um dos momentos em que há mais foco. A atenção seletiva predomina e o nível de concentração se eleva, ou seja, seu foco está exclusivamente na pessoa à sua frente. Todo o ambiente e os estímulos externos são desprezados pelo cérebro. O sistema de atenção anterior, que tem a dopamina e os lobos frontais como elementos, é o mais acionado nesse momento.

Nesse primeiro momento, o maior vilão é a ansiedade, que precisa ser controlada para não atrapalhar a concentração, o raciocínio e a espontaneidade. Por sorte, essa ansiedade é inicial e tende a diminuir conforme a conversa flui.

Inclua elogios nessas primeiras conversas. Como vimos, eles provocam a validação de comportamentos. Ao perceber conscientemente um elogio, o cérebro aciona seu circuito de recompensa por meio da liberação de neurotransmissores, em especial a dopamina. Regiões como a área tegmentar ventral, o núcleo *accumbens* e o córtex pré-frontal, que constituem o circuito mesolímbico dopaminérgico, são acionadas, e o estímulo desta rede neural confere uma sensação de prazer, alegria e aceitação.

Enquanto a conversa se estende, você pode buscar outros elementos que deem dicas importantes sobre a pessoa que fisgou ou está tentando fisgar a sua atenção. Esse primeiro contato é a melhor oportunidade para saber se a relação vai se estender ou não. Cheiro, charme, uma conversa agradável, alguns elogios e pronto: o terreno estará preparado para um segundo encontro e, quem sabe, para o começo de um namoro.

NEURODICAS

1. Olhe sem provocar inibição, mas sinalizando que tem interesse.
2. Sorria! O sorriso diz ao cérebro de outra pessoa que você está bem e aberto para uma aproximação, provocando bem-estar.
3. Na primeira conversa, use a inteligência emocional e controle a ansiedade. Lembre-se de que a pessoa que está à sua frente também está na mesma situação.

3

TERCEIRO PASSO

o desfrute

NAMORO

CAPÍTULO

5

Neuroquímica DA PAIXÃO

Na fase da paixão, basta chegar perto da pessoa amada para que aconteçam mudanças no cérebro e no corpo. Imediatamente, vivenciamos um estado de ansiedade e de alerta que pode alterar o nosso funcionamento cognitivo, impactando a atenção, o raciocínio, o senso crítico e até mesmo a memória.

Um estudo publicado pela revista *Motivation and Emotion*, realizado por pesquisadores da Universidade de Leiden, na Holanda, e da Universidade de Maryland, nos Estados Unidos, observou que a intensidade da paixão pode estar relacionada ao nível de concentração de uma pessoa. Quarenta e três participantes que estavam em um relacionamento romântico por menos de seis meses realizaram uma série de tarefas em que recebiam uma gama de informações e precisavam categorizá-las em relevantes ou irrelevantes o mais rápido possível. Antes dos testes, os participantes foram estimulados a lembrar um evento romântico e, durante a realização das tarefas, ouviam músicas românticas. Além disso, eles também se autoavaliaram com relação ao nível de paixão que sentiam.

Foi observado que quanto mais apaixonadas as pessoas se declaravam, menos conseguiam distinguir as informações irrelevantes; ou seja, as pessoas apaixonadas mostraram menor capacidade de concentração e mais dificuldade para realizar tarefas que requeriam atenção. Os resultados foram similares entre homens e mulheres.

O nervosismo entre os apaixonados ocorre por ativação do sistema nervoso autônomo simpático, envolvendo as amígdalas cerebrais, o hipotálamo e as glândulas suprarrenais, localizadas no cérebro. Com a liberação de adrenalina na corrente sanguínea ocorrem alterações físicas, mudanças de sensações, insegurança motora e hesitação na comunicação. A figura na página a seguir mostra o que acontece no corpo durante a "paixonite aguda".

As regiões erógenas do corpo têm como característica principal a grande densidade de entradas de informação sensorial e odor específico, ou seja, têm mais sensibilidade. São elas: nuca, orelhas, boca, pescoço, axilas, mamilos, mãos, umbigo, dorso, virilha, períneo (genitais e ânus), pernas e pés. Quando essas regiões são estimuladas, ocorre uma redução das alterações provocadas pela adrenalina. As novas mudanças químicas e hormonais desencadeiam ainda outras sensações, como a motivação e o desejo de aproximação e de satisfação emocional e sexual.

Reações do corpo

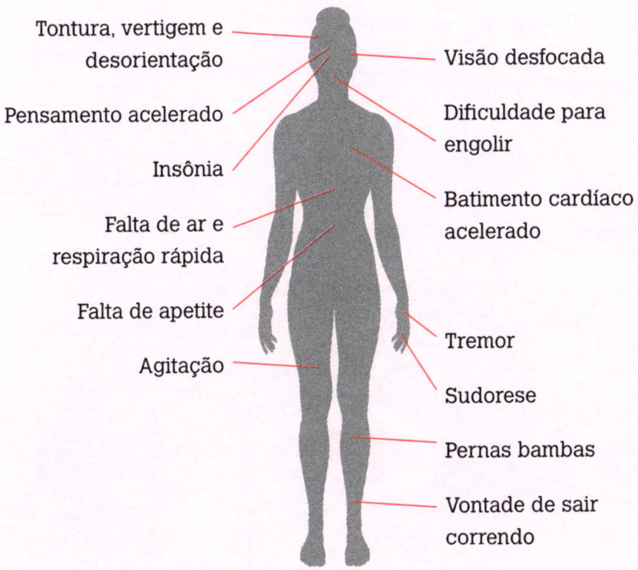

Um beijo é capaz de silenciar as amígdalas cerebrais, permitir a aproximação e aumentar a percepção da presença do parceiro. Os lábios e a língua têm grande representação sensorial no córtex cerebral, se comparados a outras partes do corpo. Além disso, o beijo na boca é muito bem aceito socialmente como primeiro contato físico íntimo.

Nesse momento, o prazer é explorado através do contato entre os lábios e a língua. Áreas encefálicas profundas, como o tronco cerebral e o tálamo, são acionadas em conjunto com o córtex parietal e a ínsula. Durante o beijo, movimentamos 34 músculos da face e acionamos, bilateralmente, cinco dos doze nervos da cabeça. Esses nervos emitem

O cérebro e o beijo

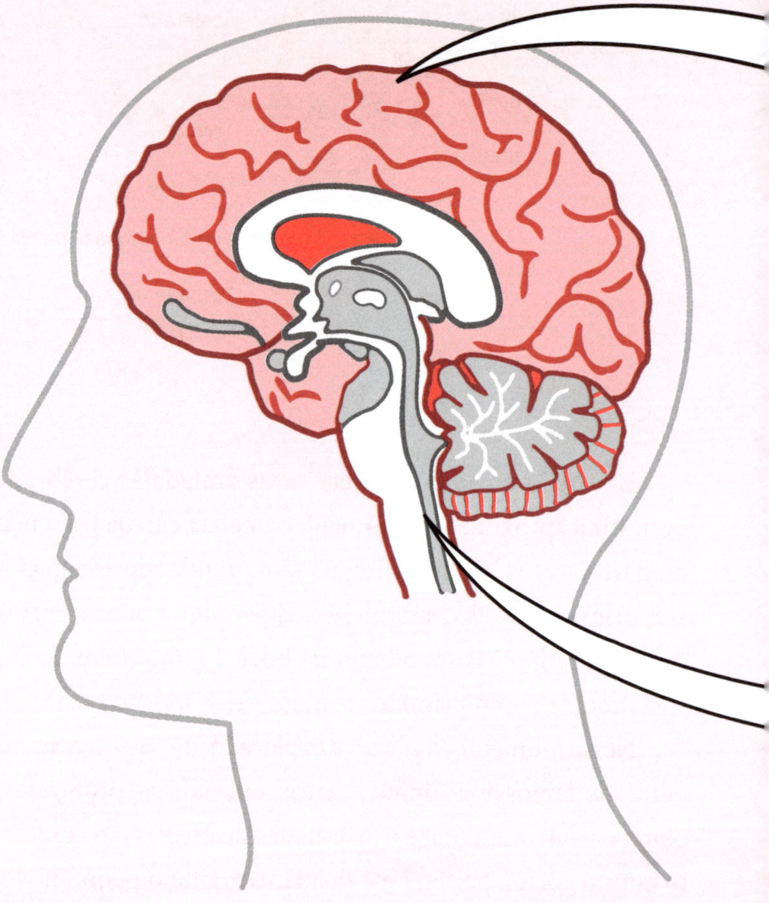

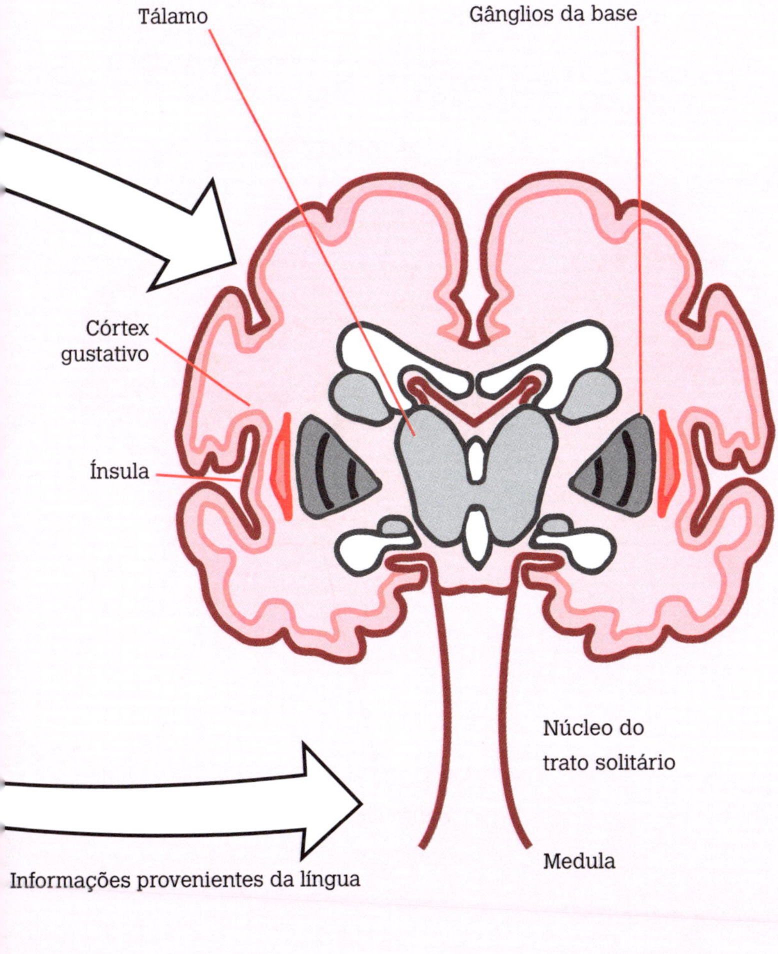

Imagem: Shutterstock

Durante o beijo

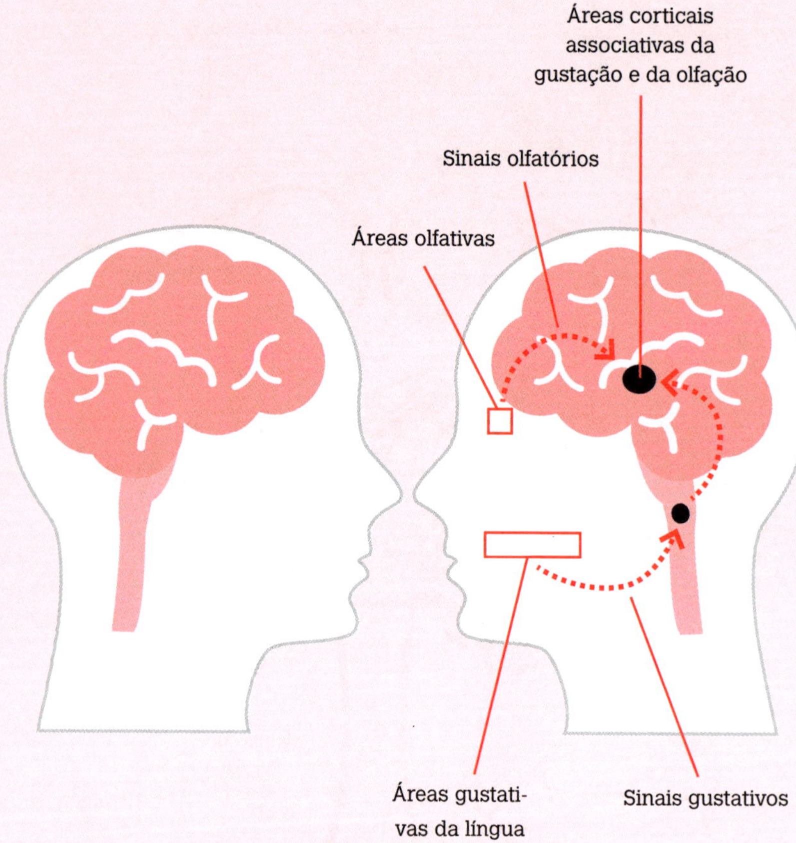

Imagem: Shutterstock

informações dos lábios, da língua e das bochechas para o cérebro, que também processará informações sobre temperatura, paladar, movimentos e cheiros.

Durante o beijo, o cérebro associa o cheiro e o gosto da boca da outra pessoa a demais informações, como o som da respiração e o barulho da saliva deslizando os lábios, além de muita imaginação do que pode estar por vir. E, quando o assunto é imaginação, quem entra em ação são os lobos frontais. A figura da página 82 mostra os pontos onde acontece a percepção cerebral do cheiro e do gosto durante o contato íntimo que o beijo proporciona.

Um beijo verdadeiramente bom sempre será inesquecível. Esse ato determina o início do contato íntimo de uma forma tão marcante que se torna a assinatura de um relacionamento. Com toda a importância do beijo, você pode estar se perguntando se o cérebro percebe que os atores não se beijam de verdade no cinema e na televisão.

Essa dúvida foi objeto de um estudo realizado no Lafayette College, nos Estados Unidos, pelo psicólogo Wendy L. Hill e um de seus alunos, que juntos compararam os níveis de ocitocina ("hormônio do amor") e cortisol ("hormônio do estresse") em quinze casais de homens e mulheres enquanto se davam as mãos e conversavam e nos momentos anteriores e posteriores a um beijo. Diferentemente do esperado, os pesquisadores observaram que o nível de ocitocina aumentou somente nos homens. Nas mulheres, houve uma queda desse hormônio após o beijo e enquanto conversavam de mãos dadas. A hipótese levantada pelos autores é a de que as mulheres provavelmente precisam de mais do que um beijo para se sentirem conectadas ao parceiro. Talvez elas necessitem de um clima mais romântico, diferente daquele em que o beijo aconteceu. No entanto, os níveis de cortisol, hormônio que ajuda o organismo a controlar o estresse, diminuíram em ambos os sexos, mostrando que o ato de beijar pode realmente reduzir o estresse.

No meu trabalho no programa matinal diário *Encontro com Fátima Bernardes*, na TV Globo, sempre é abordado um tema específico. Semanalmente, às terças-feiras, tenho a oportunidade de conversar com convidados, e com o público do país inteiro por meio da transmissão ao vivo.

Durante os intervalos comerciais ou até mesmo antes de o programa começar, tive muitas conversas casuais sobre temas pertinentes ao foco deste livro, a neurociência do amor. Em 20 de dezembro de 2016, conversei com o ator Murilo Benício sobre a questão do beijo entre atores.

"Eu acho que, antes de tudo, devemos ter uma postura profissional", disse ele. "Tanto é que o primeiro beijo que eu dei na Débora (Falabella, sua esposa), na minissérie *Nada Será Como Antes*, foi completamente técnico. Com o passar do tempo, a gente percebeu que não precisava mais dar beijo técnico. Não podíamos esquecer que aquilo era trabalho, mas o fato é que, até o final da minissérie, a gente se confundia muito. É interessante. É um pouco doida essa coisa dos comandos da cabeça." Essa resposta ainda deixa uma pergunta no ar: Você conseguiria se relacionar tecnicamente, numa cena, com a pessoa que você ama e deseja?

Uma ampla pesquisa sobre o comportamento sexual do brasileiro, denominada Mosaico 2.0, foi realizada pelo

Instituto de Psiquiatria do Hospital das Clínicas da Faculdade de Medicina da Universidade de São Paulo e coordenada pela psiquiatra Carmita Abdo. Os resultados tornaram evidentes as diferentes opiniões de homens e mulheres em relação ao ato sexual, como mostra a figura na página a seguir, mas mesmo assim existe um consenso sobre a importância do sexo no relacionamento.

O comportamento sexual passa por três etapas principais: a libido, a excitação com o ato sexual ou a masturbação e o orgasmo. Quando esse processo biológico é realizado com amor, o cérebro gratifica a pessoa com um quarto estágio, trazendo uma sensação agradável e duradoura, que costumo chamar de "energia residual". Essa energia é gostosa e saudável e provoca bem-estar e sensações de pertencimento e plenitude. Ela torna a vida a dois "um tesão".

A primeira etapa do comportamento sexual, a libido, está relacionada ao desejo de contato íntimo. Nesse momento, hormônios (testosterona, estrógeno e prolactina) podem interferir, aumentando ou diminuindo a vontade de ter relação sexual. Trata-se de um fenômeno mediado pelas vias neurais dopaminérgicas ligadas ao mecanismo de recompensa, que, além de mediar a libido, também controla o orgasmo. A prolactina é secretada pela hipófise glândula, que fica no cérebro, e sua liberação é constantemente inibida pela dopamina, uma influência negativa à libido.

Seis em cada dez mulheres podem sofrer alterações da libido ao longo da vida. Apesar de ser um número expressivo e de relacionamentos chegarem ao fim por causa dessas alterações, poucas mulheres recebem tratamento adequado.

Pesquisa Mosaico 2.0

Programa de Estudos em Sexualidade (ProSex) do Instituto de Psiquiatria (IPq) – HC/FMUSP

3 mil participantes

18 a 70 anos, divididos em cinco faixas etárias

7 regiões metropolitanas: São Paulo, Belo Horizonte, Rio de Janeiro, Salvador, Belém, Porto Alegre e Distrito Federal

Atividade sexual é importante ou muito importante para **95,3%:**

HOMENS: 96,2%

MULHERES: 94,5%

Número ideal de relações sexuais por semana:

6,5 relações HOMENS

4,6 relações MULHERES

Número real de relações sexuais por semana:

3 relações

HOMENS

2 relações

MULHERES

Preocupações sobre o sexo:

HOMENS

não satisfazer a parceira

MULHERES

contrair doenças

Fonte: Jornal da USP

Nas últimas décadas, a libido feminina se tornou foco de estudos científicos, e um medicamento que trata esse problema, a flinabasserina, foi aprovado pela Food and Drug Administration (FDA) em 2015. Esse remédio regula os níveis de dopamina no cérebro e, consequentemente, aumenta a libido feminina. Ou seja, essa medicação não age por meio de uma suplementação hormonal, como os cremes de testosterona, por exemplo. Ela atua diretamente no cérebro, influenciando o comportamento da mulher.

Na segunda etapa do comportamento sexual, a excitação, são ativados os mecanismos que regulam a ereção peniana e a lubrificação vaginal, preparando as genitálias para o ato sexual propriamente dito. Nesse momento, o sistema nervoso autônomo parassimpático desempenha um papel importante, promovendo relaxamento e sensações prazerosas.

A sildenafila, substância que se tornou mais conhecida com a popularização do Viagra®, favorece o relaxamento da musculatura lisa dos corpos cavernosos do pênis e a dilatação das artérias que levam sangue até eles, facilitando a circulação sanguínea e, assim, propiciando uma ereção eficiente. Porém, isso só acontece se houver estímulo, ou seja, se a libido funcionar bem.

A terceira etapa do comportamento sexual engloba o clímax e o orgasmo. No homem, o sistema nervoso autônomo simpático entra em ação e viabiliza a ejaculação. A figura a seguir mostra as substâncias envolvidas nas três etapas sexuais do homem:

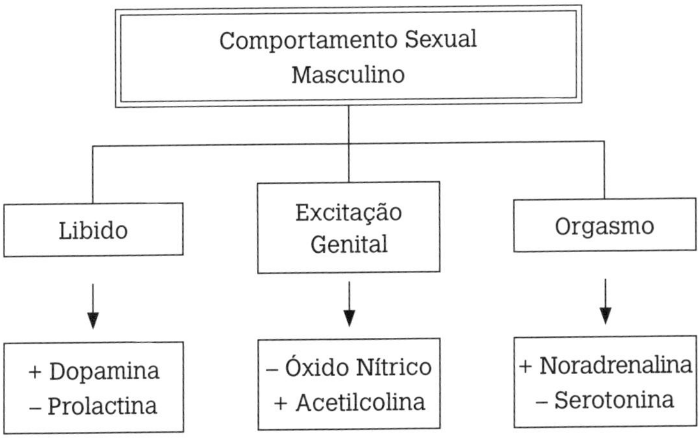

Na quarta etapa, por fim, atua a ocitocina, hormônio capaz de modular o cérebro e manter as pessoas conectadas amorosamente. É por isso que o toque e o carinho físico são tão importantes para manter a união do casal e inclusive criar expectativa para a próxima relação sexual. A figura na página a seguir mostra a ação da ocitocina no cérebro.

De muitas formas, a ocitocina, produzida no cérebro, é considerada o hormônio do amor. Ela é transportada através dos axônios dos nervos hipotálamo-hipofisários, levada em pequenas vesículas envoltas por uma membrana. Essas vesículas ficam armazenadas nos terminais nervosos próximos aos leitos capilares na neuro-hipófise até a sua secreção para a corrente sanguínea. A ocitocina também age nos tecidos periféricos, principalmente útero, placenta, tecido amniótico, corpolúteo, testículos e coração.

A substância dos relacionamentos

Produzido no cérebro, o hormônio ocitocina desencadeia reações ligadas à confiança e à formação de laços afetivos.

Hipotálamo: A ocitocina é produzida no hipotálamo.

Dopamina: A ocitocina provoca a liberação de dopamina, um neurotransmissor associado a sensações de prazer e bem estar.

Serotonina: A ocitocina provoca a liberação de serotonina, um neuro transmissor responsável por diminuir a ansiedade.

MAMA: Durante a amamentação, a ocitocina é responsável pela ejeção do leite. O hormônio também acalma a mãe e aumenta seu foco para o bebê, graças da liberação de serotonina e de dopamina.

ÚTERO: A ocitocina é responsável pela contração do útero durante e após o parto.

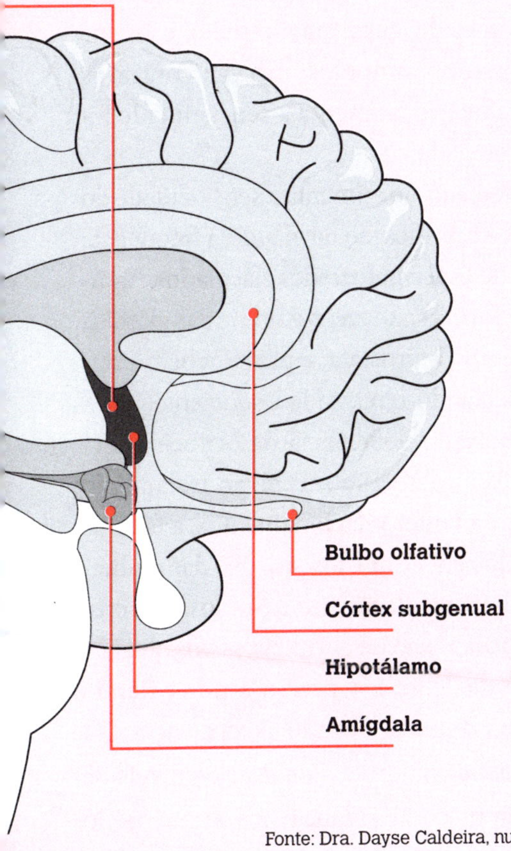

São áreas cerebrais associadas às emoções e repletas de receptores de ocitocina

Fonte: Dra. Dayse Caldeira, nutróloga / Imagem: Shutterstock

Entre seus efeitos psicossociais, a ocitocina estimula a amizade e laços mais profundos, tornando as pessoas mais carinhosas, confiantes e apreciadoras da companhia dos outros. Isso foi verificado não só entre seres humanos, mas também em animais domésticos. Além disso, ela pode melhorar o humor, deixando as pessoas mais simpáticas e acolhedoras, e reduzir a ansiedade, especialmente em encontros sociais. É, inclusive, utilizada em tratamentos de crianças autistas para melhorar sua sociabilização.

Na mulher, a ocitocina melhora a lubrificação e as contrações vaginais durante o ato sexual, facilita o orgasmo, permitindo que seja atingido com mais rapidez e intensidade, possibilita orgasmos múltiplos, protege contra os cânceres de mama e de ovário, aumenta a sensualidade feminina e diminui a ansiedade.

Já no homem, esse hormônio aumenta a sensibilidade do pênis ao contato sexual, a lubrificação da glande, a frequência de ereções e o número de espermatozoides ejaculados. Também pode aumentar de forma saudável o volume das glândulas sexuais acessórias, como a próstata, e provoca bem-estar após a relação sexual, deixando-o relaxado e sonolento.

Por todos esses fatores, a deficiência de ocitocina está relacionada à diminuição do apetite sexual, ao isolamento social, à dificuldade para manter relacionamentos, à falta de orgasmos ou à dificuldade em atingi-los, no caso das mulheres, e à falta de ereção ou ejaculação, no caso dos homens.

Hoje em dia, é comum o uso de antidepressivos que podem diminuir os níveis de ocitocina, prejudicando o desejo sexual, a excitabilidade e o prazer durante o orgasmo.

Porém, existem formas naturais de elevar os níveis de ocitocina, como contato físico, atividade física, alimentação saudável, sexo, amor e paixão. Em casos de deficiências mais severas, é necessária a suplementação desse hormônio, que deve ser prescrita por um médico especializado.

NEURODICAS

Certos nutrientes são considerados afrodisíacos e podem ajudar a promover uma vida sexual mais saudável. A nutricionista da minha equipe, Camila Ricioli, recomenda os alimentos listados a seguir:

Cacau: Os polifenóis presentes no cacau, em especial os flavonoides, são responsáveis pelo aumento de óxido nítrico e, consequentemente, pela vasodilatação.

Banana: Rica em triptofano, melhora a sensação de prazer e bem-estar, além de ser uma fonte do complexo B, que está envolvido na produção de hormônios sexuais.

Café: Principal fonte de cafeína, esse estimulante promove o aumento da frequência cardíaca.

Gengibre: É considerado um afrodisíaco na medicina árabe e estimula o sistema circulatório.

Pimenta: Fonte de capsaicina, a pimenta pode desencadear reações semelhantes às produzidas durante o sexo, acelerando os batimentos cardíacos, esquentando o corpo e melhorando a circulação sanguínea, além de provocar a liberação de endorfinas que aumentam o prazer.

Mel: Rico em vitaminas do complexo B, auxilia na produção de testosterona.

Ostra: Fonte de zinco que auxilia na espermatogênese e na produção de testosterona.

CAPÍTULO

6

CIÚME

O namoro é a fase colorida do relacionamento, que mistura as sensações de conquista, desejo e deleite. É um período de muitas expectativas, mas também de muitos medos. Se a luxúria e a paquera são a infância de um relacionamento, o namoro equivale à adolescência.

Por convenção, o namoro começa quando dois indivíduos assumem entre si que estão em um relacionamento. Não há documentos nem contratos. O compromisso, como se dizia antigamente, é no "fio do bigode".

Os apaixonados mais sortudos veem toda a sua paixão ser correspondida. Escrevo "sortudos" porque não existe um termômetro que meça a quantidade de amor em um relacionamento. Há apenas indícios comportamentais capturados inconscientemente pelos próprios parceiros e por amigos e familiares. No entanto, existem escalas mentais validadas pela ciência, que podem auxiliar na classificação do tipo de amor que está sendo experimentado. Pode parecer estranho, mas existem, sim, diferentes tipos de amor. E, quando os dois parceiros apresentam o mesmo tipo de amor e estão reciprocamente apaixonados, a afinidade é muito maior, pois cria-se um ambiente favorável para a química do amor.

Freud foi pioneiro no campo da neurociência ao dar importância ao estudo do amor ainda na primeira metade do século XX, mas foi só a partir da década de 1960 que a psicologia passou a se preocupar com a classificação do amor. Em 1998, o antropólogo Alan John Lee descreveu seis tipos de relacionamento amoroso, sendo três principais (Eros, Ludus e Estorge) e três secundários (Ágape, Pragma e Mania).

Eros é o amor romântico e apaixonado. Ele é saudável, seguro, erótico e prazeroso. Não é possessivo e não existe receio na entrega ao parceiro. Ludus é o amor sedutor, com foco no jogo da sedução e na liberdade sexual. É uma forma de amor momentânea e descompromissada, em que os indivíduos são capazes de amar mais de uma pessoa ao mesmo tempo. Já Estorge, o terceiro dos principais tipos, é o amor companheiro, proveniente de uma amizade que depois de muito tempo se transforma em um romance. O mesmo jeito de pensar e interesses em comum são os principais elementos desse tipo de amor.

Entre os tipos secundários, Ágape é o amor que transcende, de caráter altruísta, incondicional e sem egoísmo. Aqui, a preocupação real é ajudar o parceiro a resolver seus problemas. É uma fusão dos amores Eros e Estorge. O tipo de amor Pragma é marcado por um relacionamento estratégico desde o princípio, em que, com bom senso, os indivíduos avaliam racionalmente os prós e os contras da união amorosa antes que ela se desenvolva. Há uma análise das características do pretendente para verificar se atenderão às expectativas. É a fusão dos amores Ludus e Estorge. Por fim, no último tipo, Mania, o amor é experimentado como uma emoção obsessiva, capaz de dominar os pensamentos e as atitudes do indivíduo. Existe a cobrança de atrair a atenção do parceiro a todo momento e envolve sentimentos como o ciúme e a possessividade. É a fusão dos amores Eros e Ludus.

A figura a seguir ilustra os tipos de amor propostos por John Lee:

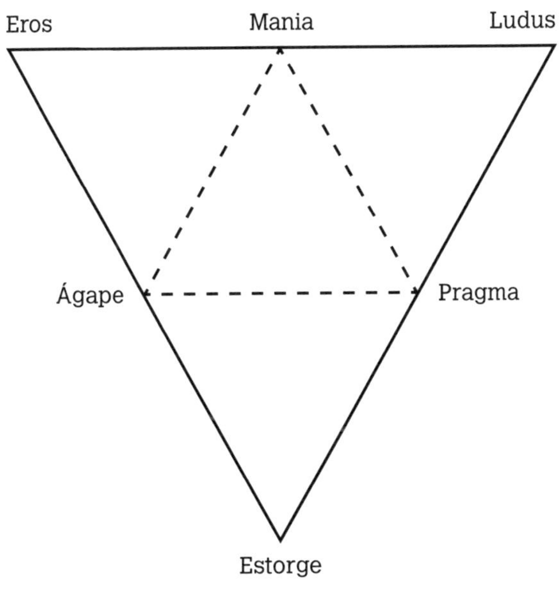

A partir da década de 1980, os psicólogos passaram a usar escalas, como a Love Attitudes Scale. Com isso, ficou mais fácil detectar as diferentes formas de amar.

Por convenção, determinou-se que o amor se torna patológico quando praticamente só causa sofrimento. No amor patológico, existe, por parte de um dos parceiros, um excesso de cuidado com o outro, que é eleito prioridade principal de sua vida. Nesses casos, atividades e interesses anteriores ao relacionamento são completamente ofuscados.

Uma pesquisa comparou os comportamentos de cinquenta indivíduos portadores de amor patológico e 39 indivíduos sadios. O resultado apontou que pessoas que amam de forma patológica são impulsivas, não encontram limites para as suas atitudes e mantêm relacionamentos amorosos que não são satisfatórios. Nesta situação, existe um apego associado aos tipos de amor Mania e Ágape.

A escala Love Attitudes também foi aplicada nos alunos do curso de neuropsicologia do Núcleo de Estudos Prof. Dr. Fernando Gomes Pinto, num processo pedagógico coordenado pela neuropsicóloga Camila Santos Cechi e por mim. Nesse estudo, utilizamos a versão da escala traduzida para o português e validada por Berti e colaboradores em 57 alunos de 20 a 62 anos, sendo 53 do sexo feminino e 4 do sexo masculino.

Ao longo do processo, notamos que os participantes que estavam em início de relacionamento, apenas "ficando" com o parceiro, apresentaram tipos variados de amor, divididos de forma equilibrada, conforme a imagem a seguir:

"Ficando"

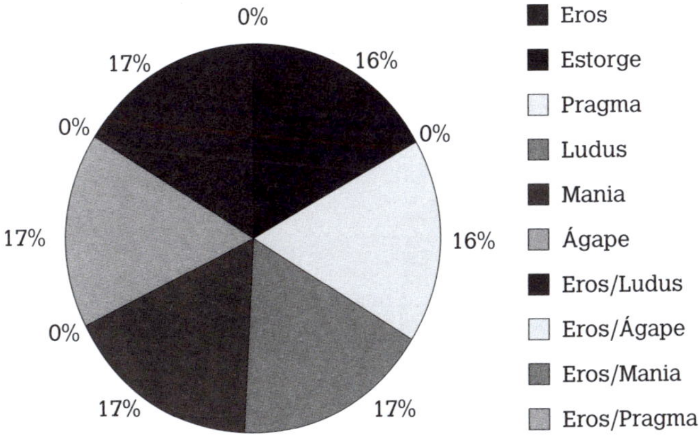

Os participantes que estavam na fase do namoro apresentaram, na maior parte, o tipo de amor Eros (43%); contudo, o tipo Estorge também se mostrou bastante presente (29%).

Namoro

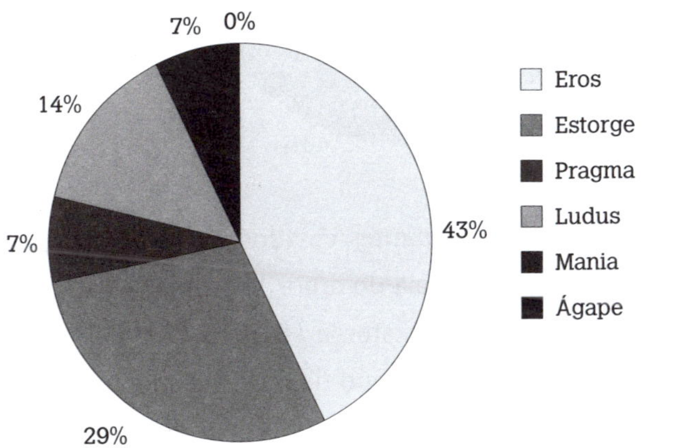

Casamento

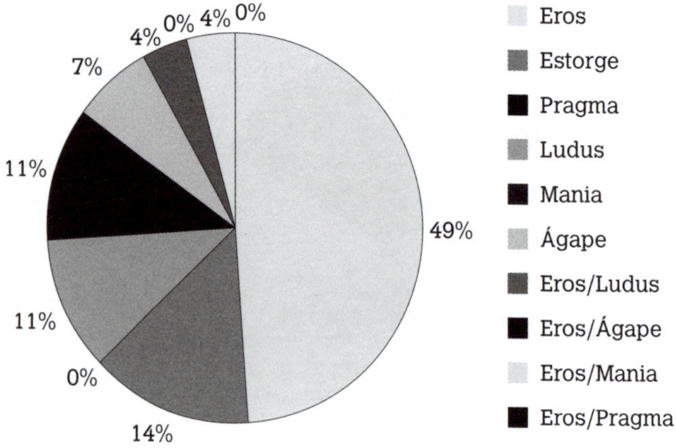

Solteiros

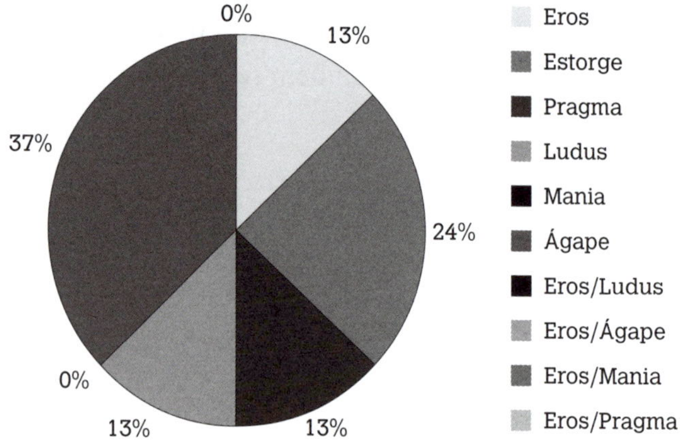

Entre os participantes casados, pôde-se observar um aumento da ocorrência do amor Eros (49%) e uma menor quantidade do amor Estorge (14%). Cabe ressaltar ainda que, quanto maior o tempo de relacionamento, maiores as chances de existir o amor do tipo Eros. Em casamentos de seis a dez anos, as chances são de 50%, de onze a vinte anos, de 56%, e acima de 21 anos, de 63%.

Por fim, entre os participantes solteiros, os tipos de amor predominantes foram Estorge (25%) e o combinado Eros/Ludus (38%).

O ciúme é um sentimento normal, que gira em torno do receio de perder a atenção exclusiva de alguém considerado especial. Ele traz uma sensação de desconforto e um medo específico de que o parceiro, que é a pessoa que tem a chave para ligar o seu circuito de prazer cerebral, forme um vínculo com outra pessoa, podendo vir a dar preferência a esse novo parceiro. Para existir o ciúme, é necessário que antes existam amor e desejo. Trata-se de um sentimento secundário, que precisa ser precedido pelo apego. Muitas pessoas até dizem que o ciúme pode ser um bom sinal, pois significa que há amor, preocupação e carinho. Veja a seguir como funciona o circuito do ciúme:

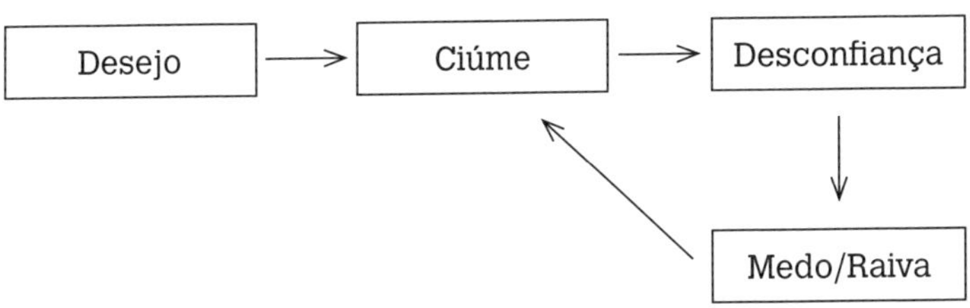

Um pouco de ciúme pode, sim, temperar o relacionamento, desde que não seja provocado intencionalmente. A estratégia de prender a atenção do seu parceiro mostrando a ele como outras pessoas desejam você pode até funcionar por algum tempo, mas é um veneno para o relacionamento.

O ciúme pode evoluir para a desconfiança quando existe o medo de que a formação de um novo elo com outra pessoa já seja um fato. Isso também é natural, mas traz um sentimento tóxico que gera ansiedade.

O ciúme patológico, também conhecido como síndrome de Otelo, provoca prejuízos sociais em decorrência de comportamentos destrutivos causados pela desconfiança. Esse distúrbio neuropsiquiátrico provoca a sensação de angústia e faz com que a fantasia de uma possível traição ganhe proporções descabidas. No caso de um choque emocional, como flagrar o parceiro em um momento de contato físico íntimo com outra pessoa, o sistema límbico cerebral ficará temporariamente desgovernado, permitindo que a pessoa tenha comportamentos altamente agressivos. Os crimes passionais acontecem nessas circunstâncias, nas quais o desequilíbrio emocional do sistema límbico prejudica o controle inibitório normalmente exercido pelos lobos frontais.

O cérebro de uma pessoa ciumenta funciona de forma diferente. O giro do cíngulo, onde também se dá a percepção do desconforto das dores físicas, fica mais ativo. Nos homens, as amígdalas e o hipotálamo também têm maior atividade, aflorando comportamentos agressivos e sexuais. Na mulher, a região mais ativa é a porção posterior do giro temporal superior, o que aguça a percepção das emoções de outras pessoas.

Um estudo americano publicado na revista científica *Emotion* em 2015 mostrou que indivíduos que tiveram o lobo frontal esquerdo submetido a estimulações elétricas transcranianas sentiram mais ciúme quando foram deixados de lado pelo parceiro desejado do que aqueles que tiveram o lobo frontal direito estimulado. Concluiu-se, então, que o ciúme envolve um padrão assimétrico da atividade cortical frontal. Estudos parecidos sugerem que a estimulação magnética transcraniana pode ser uma opção para o tratamento do ciúme. Outra estratégia para controlar o ciúme extremo são sessões de psicoterapia comportamental.

Nos casos de síndrome de Otelo, a busca por uma causa orgânica, como uma lesão cerebral, faz parte da investigação diagnóstica e do tratamento. Em 2015, tratei um paciente que havia sofrido um traumatismo cranioencefálico grave em um acidente, apresentando uma lesão cerebral difusa. No decorrer dos meses, já em casa, ele passou a apresentar sintomas de ciúme patológico. Em seus delírios, tinha certeza de que a esposa o traía com os fisioterapeutas que o ajudavam na sua reabilitação. Com exames de neuroimagem, detectamos uma hidrocefalia, o acúmulo de líquido dentro do cérebro, que havia surgido como sequela após o acidente. Depois de uma cirurgia para tratar esse problema, o paciente melhorou clinicamente e as crises infundadas de ciúme cessaram.

NEURODICA

Para controlar o ciúme, converse muito com o parceiro, para que não exista nenhum mal-entendido. Como o ciúme ativa o medo e a raiva, duas emoções primitivas, são maiores as chances de ocorrerem brigas e discussões. A angústia também aparece e fica presente até que o circuito vicioso seja desfeito, em muitos dos casos com o fim do relacionamento.

4

QUARTO PASSO

a manutenção

CASA-
MENTO

CAPÍTULO

7

Monogamia e TRAIÇÃO

O comportamento monogâmico favorece a organização social em famílias nucleares simples. Nesse modelo, a figura paterna, a figura materna e os filhos coabitam o mesmo lar. A homossexualidade não modifica esse padrão, mas a poligamia sim. Em culturas que a adotam, a estrutura familiar organiza-se de maneira diferente e sem culpas.

Em outra participação no programa *Encontro com Fátima Bernardes*, conversei, durante os intervalos, com o sertanista José Carlos Meirelles. Ele nasceu em Ribeirão Preto, em 1948, numa família de desbravadores de florestas e criadores de gado. Em 1970, largou a engenharia para se dedicar à Funai (Fundação Nacional do Índio) e tornou-se um dos principais mentores da política de preservação do isolamento de tribos não interessadas no contato com outros povos. Ele também integrou a Coordenadoria de Índios

Isolados da Funai e coordenou a Frente de Proteção Etnoambiental do rio Envira, no Acre. O tema da nossa conversa foi o amor.

Primeiro, perguntei a ele sobre a sua percepção do amor e do relacionamento a dois nos povos indígenas.

"Não tem muita diferença, pois estamos falando de coisas universais", explicou ele. "Algumas sociedades, porém, têm organizações familiares diferentes da nossa, nas quais um homem pode ter duas ou três mulheres, por exemplo, ou uma mulher pode ter dois ou três maridos. E isso não quer dizer que o marido não ame todas as suas esposas. Normalmente, em alguns grupos que conheço, o homem casa com uma mulher e depois se casa com a irmã mais nova da sua esposa."

Questionei, então, se existe um aspecto romântico no casamento poligâmico indígena ou se ele consiste somente em uma coabitação. Meirelles me explicou que na poligamia, um homem casado com mais de uma mulher, e na poliandria, uma mulher casada com mais de um homem, existe, sim, amor entre casais, ainda que a sexualidade seja mais livre nas sociedades indígenas. Além do amor entre os casais, existe também o amor familiar, da mulher para com os filhos, por exemplo.

Na sequência, indaguei sobre o entendimento dos índios sobre traição, e ele explicou que esse conceito também existe na sociedade indígena. "Uma moça solteira tem certa liberdade até casar, o que geralmente acontece entre 10 e 16 anos. Quando uma moça solteira engravida, o que é raro, as mães se incumbem de administrar anticoncepcionais naturais ou plantas abortivas, pois uma criança não pode nascer sem identidade, ou seja, é indispensável que o filho tenha um pai e uma mãe, principalmente em grupos em que a descendência é estabelecida pela paternidade."

Por fim, perguntei se os mais idosos chegam à idade média de 60 a 70 anos. "É difícil dizer", respondeu ele. "Alguns vivem bastante e notamos sua idade pela cor esbranquiçada do cabelo. Eu conheci casais que viveram juntos por mais de cinquenta anos."

Nossa conversa sobre a sociedade indígena brasileira foi uma grande aula para mim. Descobri, por exemplo, que os índios raramente beijam na boca, mas um casal demonstra contato físico e abraça-se, por exemplo. A relação sexual é muito privada, e o amor é respeitado e aproveitado.

A preocupação em relação à monogamia sempre existiu, e não somente por ciúme. De certa forma, a manutenção do *status quo* é prejudicada por relacionamentos extraconjugais. As traições e os seus desdobramentos, como filhos bastardos, por exemplo, podem interferir na estrutura socioeconômica construída por um casal, alterando a partilha de bens conquistados e de herança e os cuidados com os filhos. Uma traição também pode trazer prejuízos biológicos, através da transmissão de doenças venéreas, e prejuízo emocional, com a carência de atenção e uma possível perda do sentido de manter o relacionamento.

Há dez anos, pequenos roedores americanos conhecidos como arganazes-do-campo se tornaram importantes em uma pesquisa experimental sobre monogamia, já que os casais cuidam dos filhos e ficam juntos durante toda a vida.

A relação começa após o primeiro encontro sexual entre macho e fêmea, no qual o casal tem mais de vinte acasalamentos consecutivos e constrói um ninho.

Após estudos, um grupo de pesquisadores liderados por Thomas Insel, diretor do Centro Regional Yerkes de Pesquisa de Primatas da Universidade Emory, nos Estados Unidos, desvendou o mistério do cérebro desses roedores. Os arganazes-do-campo têm muitos receptores no cérebro para dois hormônios, a ocitocina e a vasopressina. Isso foi percebido quando os espécimes foram comparados a arganazes-do-prado, que não são monogâmicos. Durante a pesquisa, genes que produzem receptores de vasopressina (hormônio antidiurético) foram inseridos no cérebro dos arganazes-do-prado, que, a partir de então, começaram a apresentar comportamentos monogâmicos. Já os arganazes-do-campo receberam bloqueadores de ocitocina nas fêmeas e bloqueadores de vasopressina nos machos, o que provocou promiscuidade nos espécimes anteriormente fiéis.

Em outro estudo, publicado no *Journal of Neuroscience*, pesquisadores da Universidade de Bonn, na Alemanha, aplicaram uma dose de spray intranasal de ocitocina em voluntários heterossexuais em relacionamentos estáveis. Observou-se que os indivíduos que receberam a substância se mantiveram, em média, quinze centímetros mais afastados da atraente mulher que interagiu com eles e com outros homens solteiros durante o experimento. Essa resposta não está relacionada a não a terem achado atraente, pois, em um questionário respondido posteriormente, os homens comprometidos consideraram a mulher bonita e simpática da mesma maneira que os solteiros. Os pesquisadores sugeriram que a ocitocina tem um importante papel na preservação dos relacionamentos afetivos, fortalecendo o vínculo entre pessoas próximas e criando um desconforto com pessoas estranhas.

Mais um estudo, realizado na mesma universidade, acompanhou as reações causadas pela ocitocina em quarenta homens heterossexuais comprometidos havia no mínimo seis meses. Eles foram divididos em dois grupos, um grupo inalou ocitocina e o outro, apenas placebo, e viram fotos de suas namoradas e de mulheres desconhecidas. A região do cérebro relacionada ao prazer ficou ativa quando os homens que inalaram o hormônio viram as suas namoradas, mas não quando viram fotos de mulheres desconhecidas. Os autores do estudo acreditam, com isso, que a ocitocina pode gerar uma preferência pelas pessoas com quem já mantemos um relacionamento.

Esses estudos são interessantes, mas não explicam completamente o comportamento humano. Durante o ato sexual, o homem e a mulher produzem vasopressina e ocitocina, respectivamente, em maior quantidade. A ocitocina colabora para as intensas contrações musculares orgásticas no pênis, útero e vagina, além de provocar bem-estar e favorecer a manutenção do vínculo, mas não é capaz de tornar os seres humanos fiéis como são os arganazes-do-campo.

Um trabalho publicado na revista *Evolution & Human Behaviour* apontou que a infidelidade pode ser hereditária. O pesquisador Brendan Zietsch e sua equipe da Universidade de Queensland, na Austrália, entrevistaram 7 mil pares de gêmeos finlandeses idênticos e não idênticos, entre 18 e 49 anos, que estavam em relacionamentos estáveis. O estudo revelou que 10% dos homens e 6,4% das mulheres haviam traído seus parceiros no ano anterior à pesquisa e que 63% da infidelidade masculina e 40% da infidelidade feminina podiam ter origem genética. Alterações no gene *AVPRIA*, relacionado à produção de arginina vasopressina, hormônio responsável pelo comportamento social, foram apontadas como causas da infidelidade feminina.

A pesquisa Mosaico 2.0, já citada e conduzida pela psiquiatra Carmita Abdo, entrevistou 3 mil participantes em cinco regiões metropolitanas, com idades entre 18 e 70 anos. Cerca de 50,5% dos homens admitiram já ter traído um parceiro; entre as mulheres, o número caiu para 30,2%. Somando homens e mulheres, a média de infidelidade é de 40,5%.

Quando questionados sobre o assunto, os homens parecem considerar que a traição é parte da natureza masculina. As mulheres, em geral, atribuem a infidelidade à insatisfação sexual e afetiva no seu relacionamento. Contudo, os pesquisadores acreditam que maior autonomia e níveis socioeconômico e intelectual mais elevados têm um forte impacto na sexualidade feminina, inclusive no que diz respeito à fidelidade.

Atualmente, relacionamentos amorosos sequenciais são bastante aceitos e colaboram para a organização social e familiar. Quando se discute monogamia, a maior preocupação recai sobre relacionamentos paralelos simultâneos, que geralmente são vividos em segredo.

A solução comportamental que anda sendo debatida e, em alguns casos, aplicada pelos casais é o estabelecimento de regras para que se possa manter um relacionamento aberto. Nesse modelo, a aproximação de outras pessoas é permitida. A relação sexual pode ser compartilhada entre três ou mais pessoas, visando satisfazer os desejos físicos, mas preservando a união sentimental do casal.

No entanto, pode ser que a preocupação com a traição e a monogamia não seja unânime. Uma pequena parcela da população entrevistada na pesquisa Mosaico 2.0 – cerca de 3,4% dos homens e 2,6% das mulheres – disse não ter definido um acordo de exclusividade com os seus parceiros.

NEURODICA

Conversar com o parceiro sobre desejos e vontades é fundamental para uma relação sadia e duradoura.

CAPÍTULO

8

GERENCIAMENTO
de lucros e conflitos

No meu canal no YouTube apresentei o método ASAS para viver melhor e ser mais feliz. Basicamente, ele consiste em manter o cérebro permanentemente atento a quatro fatores, garantindo um melhor funcionamento do corpo e, como consequência, da mente. Nesse acrônimo, cada letra representa um fator:

A: Alimentação saudável
S: Sono reparador
A: Atividade física regular
S: Sonhos e metas pessoais

Todos esses fatores são importantes na manutenção das cinco principais áreas da vida contemporânea: trabalho, família e relacionamentos, saúde física, equilíbrio financeiro

Segundo o psicólogo Ailton Amélio Silva*

37% das relações ocorreram entre parceiros que já se conheciam (colegas de trabalho, escola, faculdade ou academia)

1% dos casais foram formados por sites e serviços de relacionamento na internet, que ajudam mais a manter e esquentar um relacionamento iniciado por outras maneiras do que a achar um amor

4% dos relacionamentos resultaram de encontros acidentais

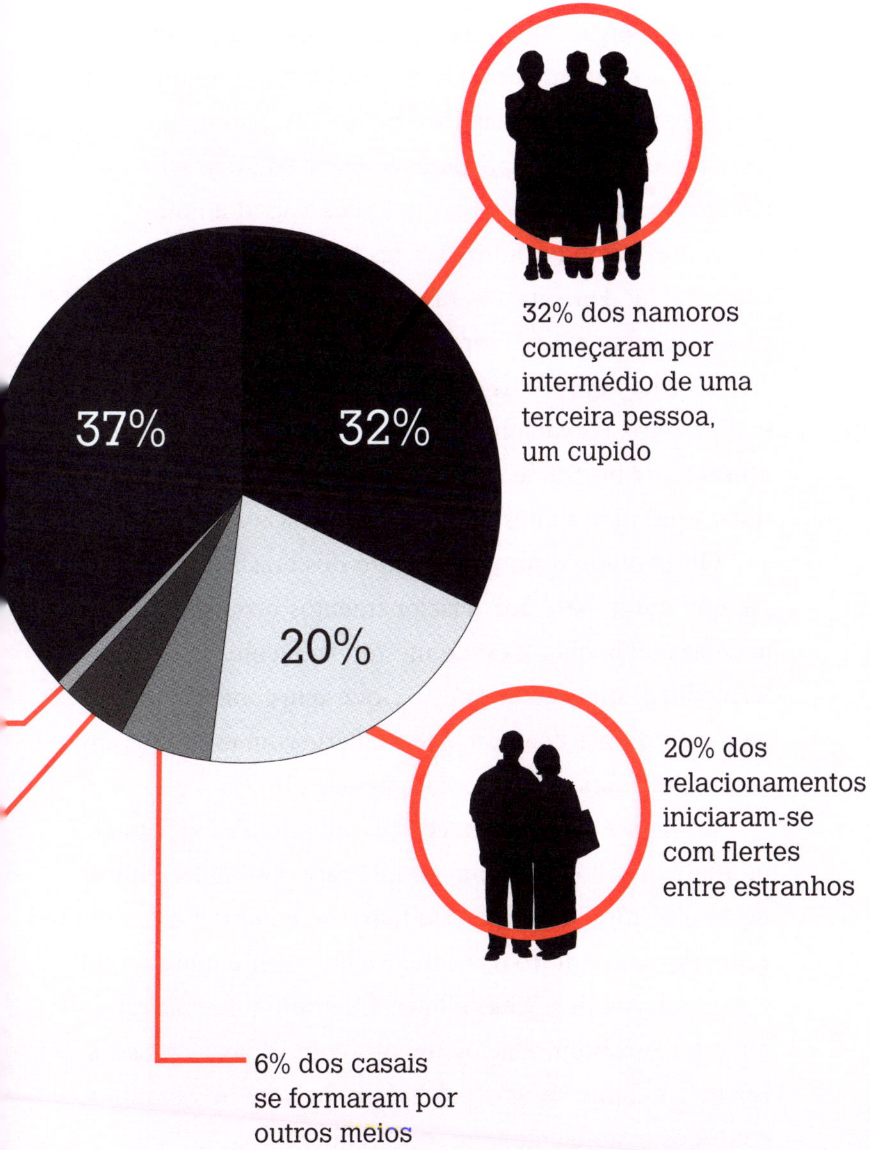

* Fonte: *O mapa do amor* (Editora Gente). Resultados baseados em enquetes com adultos em quatro cidades brasileiras. Adaptado do site G1.com.br

e lazer. Na organização mental de nossas vidas, devemos imaginá-la como uma estrela de cinco pontas, em que cada ponta representa uma das áreas principais. Assim, fica mais fácil perceber que uma vida harmônica só pode ser experimentada com a consciência de todos esses domínios.

Assim como os outros fatores, os relacionamentos sociais são fundamentais para a felicidade. Envolver-se em um relacionamento amoroso é opcional. Antes de tudo, essa escolha depende de cada indivíduo, e não de um eventual parceiro. Porém, um relacionamento amoroso traz uma sensação de plenitude e, com isso, a vida flui melhor, mesmo que existam alguns problemas na relação.

Observando o comportamento dos brasileiros, notou-se que quase 90% dos relacionamentos acontecem entre pessoas que frequentavam o mesmo ambiente, seja por intermédio de uma terceira pessoa, que agiu como cupido, ou pelo método mais natural, que é o flerte com estranhos em ambientes públicos (figura das páginas 116-7).

Com esses dados, percebe-se que a inteligência interpessoal é um fator muito importante para possibilitar o início de uma história de amor. Essa habilidade nos permite perceber por que o outro nos agrada e entender o que o nosso potencial parceiro pensa e quer. É sempre uma boa estratégia ter um bom relacionamento com todas as pessoas, sejam familiares, amigos, colegas, conhecidos ou estranhos, em todos os ambientes que você frequenta.

Em um relacionamento, é essencial gerenciar junto com o parceiro todas as delícias e as ansiedades de cada período de transição, pois isso pode favorecer a divisão dos "lucros" da união. Por exemplo, a chegada de filhos traz uma grande alegria, mas ao mesmo tempo é um desafio e tanto para o relacionamento.

Os conflitos e as diferenças entre os parceiros são normais e podem temperar a vida. Não são eles os grandes vilões que desgastam a união. É a falta de toque, de carinho físico, de contato visual, de elogios sinceros e de atenção especial que causará o distanciamento lento e progressivo de um casal, mesmo que a coabitação force a convivência.

Portanto, um relacionamento precisa de cuidados diários. Como uma planta, deve ser regado regularmente para que possa crescer e dar frutos. O respeito, a paciência e o diálogo são fundamentais.

A empatia, ou seja, a capacidade de se colocar no lugar do outro, precisa ser estimulada, tanto para que se possa compreender melhor o parceiro como para desenvolver uma relação equilibrada. É o famoso "Não faça com o outro o que não gostaria que fizessem com você". E, indo além, é importante agir com o parceiro como gostaria que ele agisse com você. Dosar as expectativas e não esperar demais do outro também são estratégias que demonstram inteligência emocional.

No mundo dos negócios, costuma-se buscar uma relação em que todos saiam ganhando, mas essa ideia pode ser estendida para as demais áreas. Em um relacionamento, os dois lados devem expor as suas opiniões e ideias nos momentos oportunos e os diálogos devem ser livres de julgamentos, para que ambos fiquem satisfeitos.

Regiões cerebrais do amor

Pesquisas com exames de neuroimagem apontam quais áreas do cérebro estão associadas com o sentimento do amor.

Núcleos accumbens:
quando se está muito apaixonado, mas levou um fora de alguém.

Globo pálido:
quando se ama por muito tempo (20 anos). Está associado com a formação de vínculo.

Área tregmental:
associada com um novo amor, é a chave do circuito de recompensa cerebral.

Núcleos da Rafe:
amantes de longo tempo, área que dá o senso de calma.

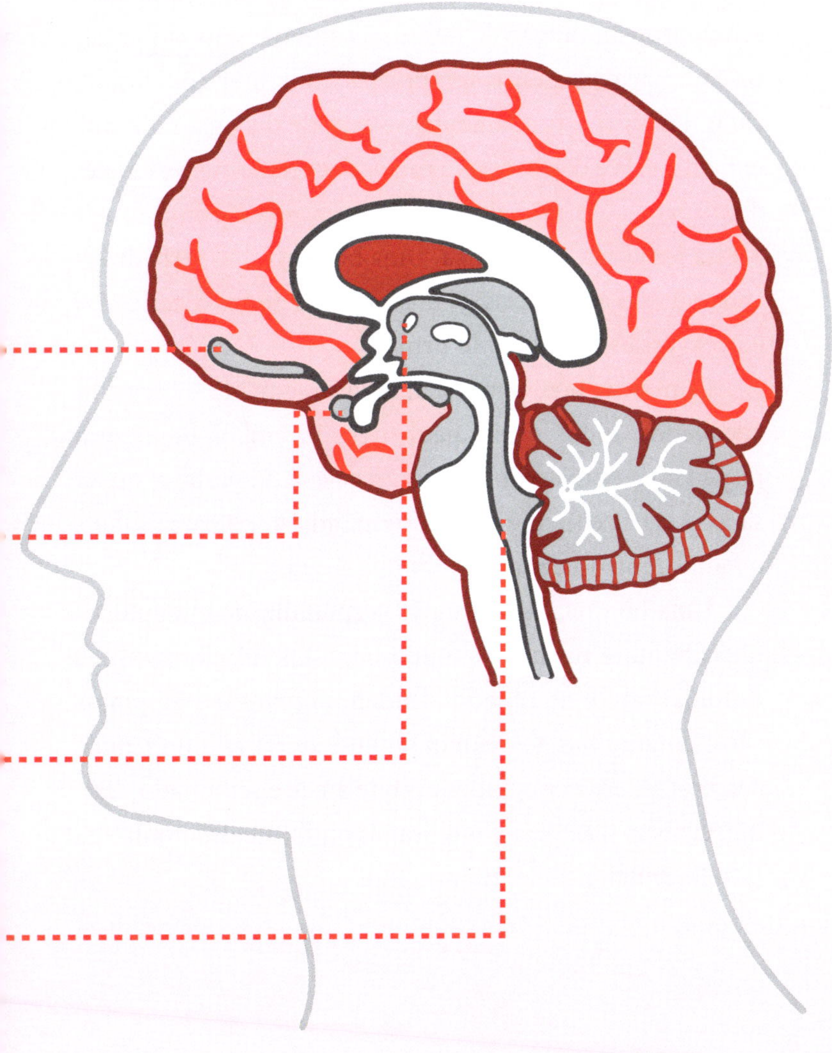

Fonte: Pesquisadora Helen Fisher, Rutgers University

A comunicação é muito importante e deve ser realizada de maneira adequada. Diversas vezes, desentendimentos acontecem em função de falhas de comunicação, com a escolha de palavras pouco apropriadas e interpretações distorcidas. Por isso, é fundamental se expor e dialogar constantemente, sobre coisas boas e ruins. Você pode, por exemplo, discordar da opinião do outro, mas o modo como se expressa fará toda a diferença. Uma boa sugestão seria dizer: "Eu entendo a sua decisão, mas gostaria de lhe dizer como eu vejo essa situação, tudo bem?".

Com uma boa comunicação, no momento e contexto adequados, todos sairão ganhando. Se ambos escutam e respeitam a opinião do outro não haverá desgaste, e, quem sabe, pode-se chegar a uma decisão satisfatória para os dois, o famoso meio-termo.

Uma boa relação promove o aprendizado e o autoconhecimento e melhora a autoestima. Os relacionamentos de longo prazo, em especial, tendem a provocar uma sensação calmante por acionarem os núcleos da rafe no tronco cerebral. Além disso, sabemos que amar e ser amado acalma, faz bem e ajuda a equilibrar as outras quatro pontas da estrela mencionada anteriormente.

As áreas envolvidas nas diferentes fases do romance estão ilustradas na figura das páginas 120-1.

NEURODICA

Qualquer relacionamento amoroso passa por algumas fases previsíveis: paixão, romance, amor companheiro e, em alguns casos, ruptura. Por isso, é importante estar atento e ser receptivo a todos os momentos, vivendo-os da forma mais honesta possível.

5

QUINTO PASSO

a transcendência

EVO-
LUÇÃO

CAPÍTULO

9

Sincronia cerebral e AMOR ETERNO

Em 20 de dezembro de 2016, Amyr Klink, juntamente com sua esposa, Marina Bandeira, lançou o livro *Não há tempo a perder* no programa *Encontro com Fátima Bernardes.* O livro é uma reflexão sobre os momentos difíceis que o navegador enfrentou para realizar os seus planos. Na obra, ele nos ensina que, se assumirmos o compromisso de resolver passo a passo cada desafio que o destino nos apresenta, a vida se desenrola. Ele ainda afirma que a pressão pode ser um estímulo para sobrevivermos e realizarmos nossos sonhos.

Durante todo o programa, observei a sincronia mental que existe entre Amir e Marina e, então, resolvi conversar com eles sobre a experiência de um casal que viveu praticamente em confinamento por muito tempo. Eles compartilham a vida há vinte anos e me contaram sobre sua relação.

"Eu acho que o confinamento em uma casa, no dia a dia convencional, sem a pressão externa de ter a vida da família em constante risco, é muito mais difícil", disse Amyr. "As diferenças ficam mais evidentes em casa. Quando estamos a bordo de um barco, temos tanto cuidado para não errar nada e tantas preocupações com as crianças correndo pelo convés, com a temperatura extremamente fria da água, com as baleias aparecendo em volta, com a possibilidade de ficar sem gasolina, com as velas batendo, que, eu acho, acabamos nos unindo mais. A experiência de vivermos juntos a bordo de um barco tem sido muito positiva para nós. Acho que se ficássemos em casa, assistindo televisão, viveríamos nos estranhando feito cão e gato."

Marina concordou com o marido. Para ela, a situação de risco que existe no barco, em que um sabe que realmente precisa da ajuda do outro, favorece a união entre o casal. "Quando estamos a bordo de uma embarcação, nos sentimos literalmente 'no mesmo barco'. Ali, um depende do outro, e isso acaba por unir as pessoas. Numa situação de conforto, é mais fácil se dispersar. O olhar fica mais voltado para o entorno, e não para o outro. A nossa família passou a ser muito mais unida a partir do momento em que começamos a viajar juntos."

Perguntei, então, se já existiu algum momento de conflito ou alguma situação engraçada da qual se lembravam.

"A Marina é uma superfotógrafa profissional e, é claro, gosta muito de fotografar", começou Amyr. "Mas às vezes ela tira tantas fotos que me incomoda. Um dia, ela estava fotografando do mastro do barco. Estava lá em cima havia horas, clicando baleias, gelo, focas. Em certo momento, eu esbravejei: 'Marina, desce daí, essas fotos não servem pra nada!'. Então, ela começou a chorar. E eu não sabia que a tinha ofendido tão brutalmente. Ela ficou pendurada no mastro por mais algumas horas e, quando desceu, estava certa de que publicaria seus livros de fotos por conta própria."

"Em vez de descer dali e esquecer a fotografia, que não tinha importância para o Amyr, ela passou a ser a minha voz", comentou Marina. "E passei a publicar esse meu olhar, compartilhando-o com tanta gente. Aquele momento de estresse acabou mudando a minha vida."

O exemplo desse casal mostra que morar juntos em situações extremas favorece a vida compartilhada. Esse é o tipo de relacionamento almejado na fase da paixão, mas, na maior parte das vezes, o companheirismo é deixado de lado por causa dos acontecimentos e obrigações da vida comum. Contas a pagar, compromissos com a escola dos filhos, rotinas de trabalho e atividades obrigatórias da vida social são capazes de sufocar e até mesmo minar o relacionamento mais saudável do mundo.

Muitos dizem que a coabitação expõe a intimidade dos parceiros de uma forma que elimina um ingrediente importante e divertido do relacionamento, a expectativa. Por outro lado, uma das maneiras de "curar" a paixão e passar para o amor romântico é trazer o companheiro para bem perto. As opções da vida em conjunto, no entanto, são a graça ou a desgraça, mas a realidade é que, para dividir despesas, otimizar o tempo de convívio e facilitar o cuidado com os filhos, o ser humano sempre preferiu, desde a Idade da Pedra, a coabitação com o núcleo familiar.

Na prática de consultório, vejo pacientes idosos portadores de hidrocefalia de pressão normal (HPN) que transformam o parceiro de longa data em uma espécie de cérebro suplementar.

A HPN tem manifestações parecidas com aquelas da doença de Alzheimer e do mal de Parkinson. O paciente apresenta dificuldade para andar, alteração da memória de curto prazo e incontinência urinária. A enfermidade é causada pelo acúmulo de líquido cefalorraquidiano dentro dos ventrículos cerebrais, configurando a hidrocefalia, que é diagnosticada com exames de imagem, como tomografia de crânio e ressonância magnética de encéfalo com estudo do fluxo liquórico.

Quando o marido ou a esposa é acometido pela doença, o casal geralmente está comemorando décadas de casamento, e, para suprir o déficit neuropsicológico, o paciente passa a utilizar o cônjuge como uma "bengala" cognitiva, pois a deficiência mental é leve no início e pode ser mascarada por um parceiro presente e atuante. Obviamente, essa demonstração de amor ajuda, mas não cura. A reversão do quadro é obtida com uma neurocirurgia para implante de uma prótese de silicone, chamada derivação ventriculoperitoneal. Esse dispositivo direciona o excesso de líquido intracraniano para a cavidade abdominal e, com isso, alivia a tensão do líquido sobre o cérebro, que volta a funcionar melhor.

Certamente, o amor é a base para um casamento duradouro, mas ele não sustentará sozinho a relação se não houver admiração, carinho, respeito e confiança, e, principalmente, se não forem aplicados, no cotidiano, dois tipos de inteligência: a interpessoal e a emocional. A primeira se refere à habilidade de entender a outra pessoa e saber abordá-la com a melhor comunicação possível, enquanto a segunda consiste na capacidade de lidar com as emoções e de gerenciar expectativas e pensamentos.

Divergências e discussões são inevitáveis ao longo do casamento, mas seguem em frente os casais que conseguem ponderar, conversar e reconsiderar.

NEURODICAS

1. Escolha um parceiro que gaste como você. Um estudo feito na Universidade de Michigan, nos Estados Unidos, pelo pesquisador Scott Rick e por seus colaboradores, analisou aproximadamente mil adultos, casados e solteiros, e constatou que as pessoas que escolhiam parceiros com um padrão de gastos muito diferente tinham maiores conflitos sobre como administrar as finanças da casa e menor satisfação conjugal no longo prazo se comparados aos casais que gastavam de forma semelhante.

2. Esforce-se para fazer o amor durar. Em um estudo publicado em 2009, na *Review of General Psychology*, pesquisadores analisaram aproximadamente 6 mil pessoas, incluindo casais com pouco tempo de relacionamento e outros que estavam juntos havia vinte anos. Um número surpreendentemente alto de pessoas ainda estava muito apaixonado pelo parceiro de longa data. Os estudiosos concluíram que o esforço, a dedicação e a

devoção são os elementos-chave para manter aceso o amor romântico. Esses casais mostraram que se importar verdadeiramente com o relacionamento e conseguir resolver conflitos com tranquilidade foram os comportamentos que mais impactaram na manutenção do amor, independentemente do tempo de duração.

3. Renove o seu casamento. De acordo com Arnaldo Jabor, o segredo das relações amorosas bem-sucedidas é a renovação do casamento, e não a separação e a busca por um novo parceiro. O jornalista e cineasta costuma dizer que já está em seu terceiro casamento: "Eu me casei três vezes com a mesma mulher". Ressalta, ainda, que às vezes é preciso voltar a seduzir, a namorar e a buscar novidades que alterem a rotina.

   A receita para um amor eterno seria encarar o mesmo casamento, de tempos em tempos, como um novo relacionamento, e isso inclui se cuidar para o outro, planejar passeios, fazer elogios e não se deixar acomodar. Do ponto de vista neuroquímico, novas experiências com o mesmo parceiro podem estimular a liberação dos neurotransmissores dopamina e noradrenalina, o que também acontece nos estágios iniciais e mais intensos de um relacionamento.

4. Beba um drinque com seu parceiro. Um estudo da Universidade de Missouri, nos Estados Unidos, constatou que casais que bebem juntos são mais entrosados e se desentendem menos do que parceiros que saem separados, cada um com a sua turma. O estudo revelou também que casais que bebem de um a três drinques por dia vivem melhor do que aqueles que não possuem o

hábito de beber. Mas é claro que, como médico, preciso lembrar que a ingestão de álcool deve ser feita com moderação e responsabilidade.

5. Faça sexo com frequência. Os pesquisadores Michelle Russell e James McNulty, da Universidade do Tennessee, nos Estados Unidos, publicaram um estudo, em 2010, apontando que a atividade sexual frequente pode ajudar na manutenção do casamento. Um trabalho publicado na revista *BJU International* revelou que homens na faixa dos 50 anos estão mais satisfeitos com sua vida sexual do que os homens de 30 a 40 anos. Os cinquentões demonstraram níveis de satisfação similares aos de jovens de 20 a 30 anos.

6. Não espere receber o que o outro não é capaz de oferecer. Muitas vezes, projetamos os nossos desejos e buscamos a nossa satisfação por meio das atitudes do nosso parceiro. Isso não dá certo. É importante lembrar que cada um é responsável pela própria felicidade.

7. Espere a tempestade passar antes de conversar. No calor da discussão, é maior o risco de uma atitude impensada ou de uma colocação mais ríspida, das quais você poderá se arrepender. O melhor a fazer é esperar a poeira baixar para, então, discutir o problema com calma.

8. Use com mais frequência palavras que indiquem parceria, como "nós" e "nosso". Um estudo publicado na revista *Psychology and Aging*, em 2009, mostrou que os cônjuges que usam palavras relacionadas ao casal, como os pronomes "nós" e "nosso", mostram mais afeto quando estão diante de um conflito, menos comportamentos negativos, como raiva, e menor nível de estresse durante o

desacordo. O uso de palavras que expressam individualidade durante a discussão, como "você" e "eu", mostrou-se associado à insatisfação conjugal.

9. Comunique-se de modo claro e positivo. Você pode dizer que não concorda e que não está satisfeito com alguma situação ou algum acontecimento, mas tente colocar a sua opinião de maneira leve e respeitosa, sem ser destrutivo ou ofensivo.

10. Peça desculpas quando for necessário. É preciso ter humildade em um relacionamento e saber reconhecer os nossos erros e as nossas fraquezas, sem empurrar para o outro a culpa do nosso mau comportamento. Peça desculpas sempre que perceber que falhou.

11. Relacione-se bem com os parentes e amigos do seu parceiro. Evite falar mal, fazer intrigas ou forçar o afastamento de pessoas que são importantes para o seu cônjuge. Nós sempre nos sentimos mais felizes quando convivemos com as pessoas das quais gostamos.

12. Chamar o parceiro por nomes carinhosos e mimá-lo pode funcionar. Segundo pesquisadores do Elmira College, nos Estados Unidos, pessoas que falam de forma carinhosa e infantilizada com o parceiro tendem a ser mais seguras e 22% mais apegadas e românticas do que a média, além de fazerem sexo com mais frequência. Falar como uma criança pode reativar circuitos importantes relacionados ao apego e fazer com que o cérebro libere mais dopamina e ocitocina.

CAPÍTULO

10

Mudança de plano e SEPARAÇÃO

As pessoas se organizam em duplas para trocar confidências, carinhos íntimos, gestos de amizade, para criar e executar planos, para ter filhos e viver tantas outras experiências que o amor permite.

No entanto, os relacionamentos são mutáveis, e isso é um fato indiscutível. Mudanças fazem parte do comportamento humano, e relacionamentos são iniciados e terminados em todas as culturas. Nós mesmos mudamos com o passar do tempo, e, consequentemente, nossos desejos e expectativas mudam também. Novas situações e novos desafios, coisas que nunca imaginávamos ter que enfrentar, podem se tornar realidade.

Nascemos sozinhos e morreremos sozinhos, acompanhados apenas da nossa consciência, mas um relacionamento estável ameniza a sensação de solidão e confere movimento à vida, com o compartilhamento de alegrias e tristezas. Tudo isso é natural.

As mudanças marcam as fases sequenciais existentes em todos os relacionamentos. O comportamento humano em relação ao amor é assim mesmo, mutável, e os processos de aproximação, clímax, manutenção e separação oferecem seus próprios desafios para o cérebro. Áreas cerebrais específicas são acionadas ou inibidas em cada etapa e diferentes neurotransmissores e hormônios prevalecem em cada período.

Algumas fases, por exemplo, são ricas em emoções e sensações físicas, como a paixão. Outras exigem mais dos lobos frontais, como a fase da paquera, na qual se planeja uma estratégia para a conquista e se imagina como é a outra pessoa.

As fases sequenciais de um relacionamento amoroso são a luxúria, a paixão e o romance. Durante a luxúria, muitas pessoas chamam a nossa atenção e despertam o desejo de intimidade física. As substâncias que predominam são os hormônios testosterona e estrógeno, e o principal núcleo cerebral envolvido é a amígdala. Na paixão, uma única pessoa chama a nossa atenção e detém a "chave" para ativar o circuito de prazer no nosso cérebro. As substâncias que predominam durante a paixão são os neurotransmissores dopamina, noradrenalina e serotonina, e os principais núcleos envolvidos são o núcleo *accumbens* e a área tegmentar ventral. No romance, quando o relacionamento já pode evoluir para o amor romântico e o amor companheiro, predominam os hormônios vasopressina e ocitocina, e os principais núcleos envolvidos são os núcleos da rafe no tronco cerebral e os gânglios da base.

Infelizmente, a maior parte dos relacionamentos não dura para sempre. E, de modo geral, os rompimentos são experiências muito dolorosas, apresentando aumento dos níveis dos hormônios relacionados ao estresse, como a adrenalina e o cortisol.

Alguns pesquisadores investigaram padrões de atividade cerebral durante a fase de ruptura do relacionamento. Fisher e colaboradores publicaram um estudo no *Journal of Neurophysiology*, em 2010, no qual identificaram, logo após uma separação, o aumento da atividade metabólica cerebral na área tegmentar ventral, no corpo estriado ventral, no globo pálido e no putâmen. Todas essas estruturas estão relacionadas ao circuito de recompensa e indicam recompensas incertas e respostas tardias.

Outros pesquisadores publicaram no *American Journal of Psychiatry*, em 2004, uma pesquisa que teve resultados diferentes, apontando uma desativação dessas áreas. Provavelmente, esse desencontro aconteceu porque esse estudo foi realizado em fases mais avançadas após o término do relacionamento.

A ruptura amorosa também ativa os lobos frontais, com ênfase no córtex orbitofrontal, que modula o humor, apresentando uma tendência depressiva. Essa área está relacionada aos ajustes comportamentais, favorecendo comportamentos obsessivo-compulsivos, e ao controle da raiva. No período de ruptura, os valores pessoais sobre

Evolução do amor

	LUXÚRIA	PAIXÃO

Substância	Testosterona / Estrógeno	Dopamina / Noradrenalina Serotonina
Núcleo cerebral	Amígdala	Núcleo *accumbe* Área tegmenta ventral

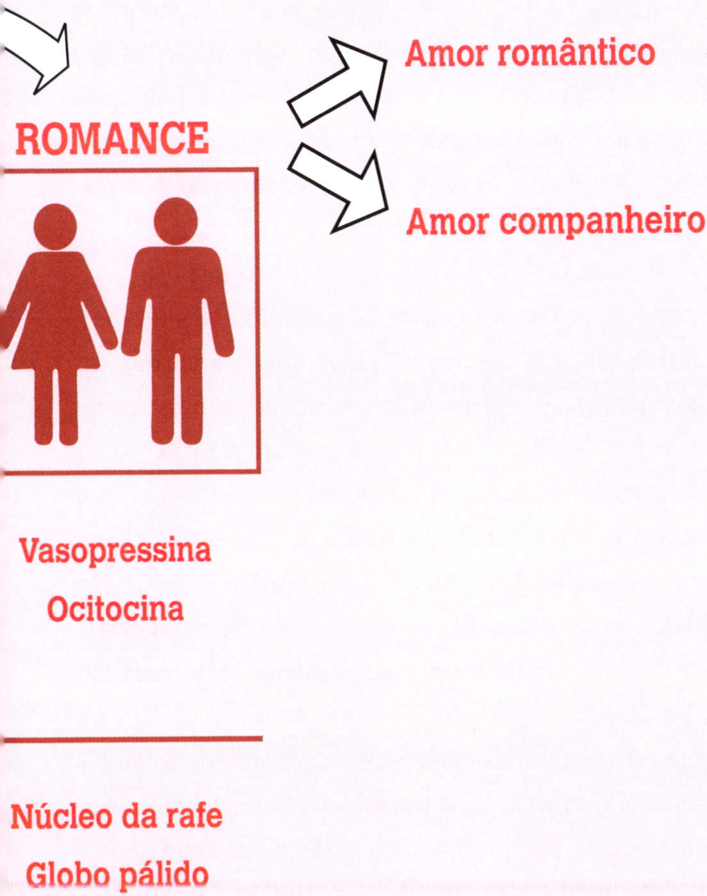

Imagem: Shutterstock

relacionamentos interpessoais, expectativas com o parceiro e sentido da vida são revistos internamente.

Quando um relacionamento de longa duração acaba em divórcio, os ex-parceiros adotam, por aproximadamente dois anos, novos critérios para futuras aproximações amorosas, visando evitar supostos erros de conduta ou comportamentos que podem ter sido a causa da separação anterior. Isso é normal, pois, de fato, trata-se de um período de luto, semelhante ao experimentado nos casos de perda por morte ou de uma tragédia, conforme descrito pela psiquiatra suíça Elisabeth Kübler-Ross.

O processo de luto é dividido em cinco fases sequenciais: negação, raiva, negociação, depressão e aceitação. É importante ressaltar que essas etapas são vivenciadas em qualquer separação, independentemente da maneira como se deu, se por escolha de um ou por comum acordo.

Na fase de negação, os parceiros se questionam em relação à sua participação no casamento e ao seu comportamento na relação e perguntam-se se têm ou não responsabilidade por aquele relacionamento não ter dado certo. Os pensamentos são sempre repetitivos: "Não consigo acreditar que não deu certo! Por que não deu certo? Se eu tivesse agido de outra forma, poderia ter sido diferente?".

Em seguida, na fase da raiva, podemos culpar a nós mesmos ou ao outro pelos acontecimentos que levaram ao fim do relacionamento. Os pensamentos mudam, mas permanecem constantes: "Ele(a) não podia ter feito isso comigo. Ele(a) não podia ter me deixado. Eu não devia ter agido daquele modo. Eu deveria ter sido mais amoroso(a)".

Durante a negociação, a pessoa que quis terminar a relação pode fazer promessas à outra, dizendo que um dia poderão tentar outra vez. A pessoa que foi deixada pode tentar insistir na relação, dizendo que mudará comportamentos e posturas.

Já no final do luto, vive-se a depressão. Esse é o período mais intenso, em que se compreende que o relacionamento de fato acabou. É um período de muita tristeza pela perda do outro e da estrutura conquistada a dois e pela quebra dos laços. Experimentam-se ainda angústia e ansiedade em relação ao futuro sem o parceiro.

Por fim, chega a fase da aceitação, o momento em que se consegue olhar para a frente. Novos planos são feitos, metas são estabelecidas, e o recomeço se torna uma realidade. A pessoa sente-se disponível para uma nova etapa da vida. Nesse momento, o motivo da separação é realmente compreendido e aceito, mesmo que ainda exista um pouco de mágoa ou saudade.

A duração de cada etapa dependerá da pessoa, do motivo da separação e do estresse vivenciado, mas sabemos que a transição mais complexa acontece entre a depressão e a aceitação. Em um processo saudável, a pessoa superará todas as fases e aceitará que a relação terminou contudo, em alguns casos, pode-se prolongar as etapas ou até mesmo não conseguir avançar para a fase seguinte.

Um indivíduo que não consegue superar todo o processo de luto pode adoecer e desencadear verdadeiros processos patológicos, principalmente quando existe histórico ou predisposição a doenças mentais como estresse crônico, depressão, transtornos de ansiedade, alimentares ou do sono, alcoolismo e dependência química.

O estresse, que é uma reação normal do organismo ao lidar com situações que exigem grande esforço ou causam forte impacto emocional, pode anteceder a separação e prolongar-se durante e após o processo. Vários fatores e momentos podem desencadeá-lo, como a saída de um dos parceiros da casa coabitada, a partilha dos bens ou a luta pela guarda dos filhos. Quanto mais demorado e mais grave é o processo, maiores são os riscos de adoecimento.

Esse é um ponto importante, ao qual devemos estar muito atentos, pois o nosso corpo envia sinais quando não estamos bem. Segundo a psicóloga Marilda Lipp, o estresse também possui alguns estágios. O primeiro é a fase de alerta, que é positiva, na qual produzimos adrenalina, hormônio que nos impulsiona quando é preciso lidar com uma situação conflitante. Sintomas físicos e psicológicos podem acompanhar essa fase, como dores musculares, problemas digestivos, ansiedade, irritabilidade e insônia, mas, se a situação causadora de estresse for resolvida, é possível que essa fase termine sem deixar sequelas. Contudo, se a causa do estresse se prolonga por muito tempo, podemos avançar para uma fase denominada resistência.

Na resistência, como o próprio nome sugere, tentamos literalmente resistir ao estresse, e, então, surgem sintomas marcantes, como cansaço e alterações de memória. Se conseguirmos lidar com o problema nesse momento, o estresse pode ser totalmente eliminado, permitindo que sigamos em frente normalmente. Caso contrário, complicações começam a surgir, dando início à fase de quase exaustão e, posteriormente, de exaustão.

Na fase de quase exaustão, as dificuldades de memória pioram, a ansiedade é sentida quase diariamente e podem surgir sintomas depressivos e doenças físicas. Se o estresse continuar presente, a próxima fase é a exaustão, na qual os sintomas anteriores se intensificam e doenças graves, como depressão, hipertensão arterial, diabetes, infarto, falência do sistema imunológico e manifestação de doenças autoimunes, podem aparecer.

É importante estarmos atentos à maneira como lidamos com os nossos problemas e perceber o que está sendo sentido e manifestado no nosso corpo, pois assim poderemos buscar ajuda quando necessário. Nem sempre somos capazes de lidar com os nossos problemas, e, na realidade, não precisamos dar conta de todos eles sozinhos. Em muitos momentos, buscar o apoio de familiares e amigos ou até mesmo de um profissional pode ser fundamental para a superação de uma dificuldade.

Nessa fase de exaustão, a psicologia tem muito a oferecer, e, em situações de desequilíbrio psíquico já instalado, medicamentos como antidepressivos, ansiolíticos e hipnóticos, que induzem ao sono, podem ser prescritos por um médico psiquiatra para ajudar na recuperação.

É interessante notar que ocorre uma queda nos níveis de serotonina tanto na fase da paixão como na fase da separação, quando existe a depressão, de forma que a mesma característica neuroquímica pode ser observada nesses dois momentos bastante distintos.

Uma dica para evitar rompimentos dolorosos é ficar atento aos momentos de transição no relacionamento, quando há maiores chances de desavenças e rupturas.

Alguns momentos são clássicos e conhecidos por muitas pessoas. Os psicólogos americanos descrevem com frequência o que chamam de "coceira dos quatro anos", apontando-a como o momento em que os casais costumam romper o relacionamento. Já os astrólogos falam em sete anos, período equivalente a um quarto do ciclo de Saturno, pois é o momento em que os indivíduos fazem um balanço da relação para definir se continuarão com o parceiro.

A paixão dura, em média, de seis meses a dois anos. Depois, vem a fase do amor romântico, que dura mais dois a cinco anos. A partir de então, entra-se na fase mais tranquila do relacionamento, o amor companheiro.

A taxa de divórcio atinge atualmente até 30% dos casamentos. Em 2014, foram registrados 1,1 milhão de casamentos no Brasil, e, segundo relatório do Instituto Brasileiro de Geografia e Estatística (IBGE) publicado em 2015, o número de divórcios ao ano cresceu 160% em uma década, de 130,5 mil, em 2004, para 341,1 mil, em 2014.

A idade média do homem no momento do divórcio caiu de 44 para 43 anos entre 1984 e 2014, enquanto a idade das mulheres foi mantida em 40 anos nos dois períodos. Nos trinta anos entre 1984 e 2014, constatou-se uma redução na duração dos casamentos de 19 para 15 anos. Já o número de casamentos entre pessoas do mesmo sexo aumentou 31,2% entre 2013 e 2014. No total, foram 1.153 uniões homoafetivas a mais, gerando um total de 4.854, sendo 50,3% entre cônjuges do sexo feminino e 49,7% do sexo masculino.

Não podemos dizer se todos esses dados são positivos. Trata-se apenas de um retrato do comportamento social atual. Não se pode negar, entretanto, que novos panoramas estão sendo criados. Hoje, existem muitas famílias com diferentes organizações, mas, principalmente, existe a liberdade de fazer novas escolhas e, a qualquer momento da vida, reativar os circuitos cerebrais e viver todas as fases do amor.

É claro que você também pode optar por ter uma vida solitária, mas há indícios científicos de que ter um parceiro conectado à sua rotina confere pelo menos três anos de vida a mais.

NEURODICAS

Se você levou um fora e está sofrendo, existem algumas *neurodicas* que podem amenizar esse processo:

1. Deixe de acompanhar o seu antigo parceiro nas redes sociais. Se o seu cérebro não receber informações novas sobre a vida dele, menos memórias serão evocadas e menos imaginação negativa será estimulada.

2. Pratique atividade física regularmente. O exercício físico estimula a liberação de endorfinas, que provocam a sensação de prazer, além de melhorar a saúde e a autoestima.

3. Evite ver fotos de seu antigo parceiro. Isso vale para porta-retratos espalhados pela casa e fotos armazenadas no celular. Quanto menos estímulo visual, menos sua memória será acionada!
4. Permita-se começar um novo relacionamento, pois, quando está ocupado com novidades, o cérebro tende a deixar em segundo plano a experiência emocional anterior. Essa pode ser sua chance de esquecer de vez o ex!

Para finalizar, deixo aqui uma fala do músico Frejat, com quem também pude conversar sobre o amor durante uma participação no programa *Encontro com Fátima Bernardes*. A conclusão deste livro, escrito com a ajuda de trabalhos científicos e com amor, só poderia ser assim, pois a ciência, de mãos dadas com a arte, enaltece os mistérios da nossa existência e os motivos das nossas buscas.

"É difícil descrever o amor. É um sentimento que todos nós buscamos, e essa é uma busca enlouquecida. Na verdade, quem não busca o amor está perdendo a oportunidade de ter uma das melhores coisas da vida. Estamos sempre nesse conflito: Vou atrás ou não vou? Fico aqui e espero o amor ou vou atrás dele? É isso que o amor provoca na gente."

Referências BIBLIOGRÁFICAS

Introdução:

CAMPOS GOMES PINTO, F. *Papo Cabeça*. São Paulo, Editora Leya, 2014.

DE BOER, A.; VAN BUEL, E. M.; TER HORST G. J. Love is more than a kiss: A neurobiological perspective on love and affection. *Neuroscience*, v. 201, p. 114-24, 2012.

HUSTSON, T. L. et al. The conubial crucible: Newlywed years as predictors of marital delight, distress and divorce. *Journal of Personality and Social Psychology*, v. 80, 2, p. 237-52, 2001.

MACLEAN, P. *The triune brain in evolution:* Role in paleocerebral functions. Dordrecht: Springer, 1990.

MARINO JR., R. *A religião do cérebro:* as novas descobertas da neurociência a respeito da fé humana. 2. ed. São Paulo: Gente, 2005.

REALE, G. *História da filosofia antiga:* das origens a Sócrates. 3. ed. São Paulo: Loyola, 1999.

Capítulo 1:

KROMER, J. et al. Influence of HLA on human partnership and sexual satisfaction. *Nature*, Scientific Reports, v. 6, n. 32.550, 2016.

LOVE, T. et al. Neuroscience of internet pornography addiction: A review and update. *Behavioral Sciences*, v. 5, n. 3, p. 388-433, 2015.

YOUNG, L. J. Being human: Love: Neuroscience reveals all. *Nature*, v. 457, n. 7.226, p. 148, 2009.

Capítulo 2:

LOVE, T. et al. Neuroscience of internet pornography addiction: A review and update. *Behavioral Sciences*, v. 5, n. 3, p. 388-433, 2015.

SESHADRI, K. G. The neuroendocrinology of love. *Indian Journal of Endocrinology and Metabolism*, v. 20, p. 558-63, jul./ago. 2016.

YOUNG, L. J. Being human: Love: neuroscience reveals all. *Nature*, v. 457, n. 7.226, p. 148, 2009.

Capítulo 3:

CELA-CONDE, C. J. et al. Dynamics of brain networks in the aesthetic appreciation. *Proceedings of the National Academy of Sciences USA*, v. 110, Suplemento 2, p. 10454-61, jun. 2013.

CELA-CONDE, C. J. et al. Sex-related similarities and differences in the neural correlates of beauty. *Proceedings of the National Academy of Sciencies USA*, v. 106, n. 10, p. 3847-52, mar. 2009.

OBLAK, A. L.; GIBBS, T. T.; BLATT, G. J. Reduced GABAA receptors and benzodiazepine binding sites in the posterior cingulate cortex and fusiform gyrus in autism. *Brain Research*, v. 1.380, p. 218-28, mar. 2011.

THIRUCHSELVAM, R.; HARPER, J.; HOMER, A. L. Beauty is in the belief of the beholder: Cognitive influences on the neural response to facial attractiveness. *Social Cognitive and Affective Neuroscience*, v. 11, n. 12, p. 1999-2008, 2016.

UONO, S.; HIETANEN, J. K. Eye contact perception in the west and east: A Cross-Cultural Study. *PLoS One*, v. 10, n. 2, fev. 2015.

Capítulo 4:

HAVLICEK, J.; ROBERTS, S. C. MHC-correlated mate choice in humans: A review. *Psychoneuroendocrinology*, v. 34, n. 4, p. 497-512, mai. 2009.

SILVA, L.; ANTUNES, A. Vomeronasal receptors in vertebrates and the evolution of pheromone detection. *Annual review of animal biosciences*, v. 5, p. 353-70, nov. 2016.

WEDEKIND, C. et al. MHC-dependent mate preferences in Humans. *Proc. Biol. Sci.*, v. 260, n. 1359, p; 245-9, jun. 1995.

Capítulo 5:

ALTIMARI, L. R. et al. Cafeína e performance em exercícios anaeróbios. *Revista Brasileira de Ciências Farmacêuticas*, São Paulo, v. 42, n. 1, p. 17-27, mar. 2006.

FEIJÓ, F. M.; BERTOLUCI, M. C.; REIS, C. Serotonina e controle hipotalâmico da fome: uma revisão. *Rev. Assoc. Med. Bras.*, v. 57, n. 1, p. 74-7, jan./fev. 2011.

FISHER, N. D; HOLLENBERG, N. K. Aging and vascular responses to flavanol-rich cocoa. *Journal of Hypertension*, v. 24, p. 1575-80, 2006.

HERTOGHE, T. *The hormone handbook*. 2. ed. Arundel: International Medical Books, 2010.

LEMOS, A. H. *Da teoria às formulações em ortomolecular.* 1. ed. Rio de Janeiro: Editora do Autor, 2015.

MAFRA, D.; COZZOLINO, S. M. F. Importância do zinco na nutrição humana. *Revista de Nutrição*, Campinas, v. 17, n. 1, p. 79-87, mar. 2004.

NÚCLEO DE ESTUDOS E PESQUISAS EM ALIMENTAÇÃO (NEPA). *Tabela Brasileira de Composição de Alimentos (TACO).* 4. ed., rev. e ampl. Campinas: Nepa; Unicamp, 2011.

OLSZEWER, E.; LEVY, N.; AGUIAR, R. R. *Terapia de modulação hormonal bioidêntica.* 2. ed. São Paulo: Fapes, 2012.

SILVA, M. I. G. et al. Bioatividade e potenciais benefícios terapêuticos de algumas plantas medicinais da vegetação de Caatinga (semiárido) do Nordeste do Brasil: uma revisão da literatura. *Revista Brasileira de Farmacognosia*, Curitiba, v. 22, n. 1, p. 193-207, fev. 2012.

STARK, C. B. *Características e benefícios da capsaicina.* 2008. Trabalho de Conclusão de Curso (Bacharelado) – Centro de Ciências Químicas, Farmacêuticas e de Alimentos, Universidade Federal de Pelotas, Pelotas, 2008.

VAN STEENBERGEN, H. et al. Reduced cognitive control in passionate lovers. *Motivation and Emotion*, v. 38: 444-50, jun. 2014.

Capítulo 6:

BERTI, M. B. et al. Tradução e adaptação de escalas para avaliação do amor patológico. *Revista Brasileira de Psiquiatria*, 2008.

HENDRICK, C.; HENDRICK, S. A theory and method of love. *Journal of Personality and Social Psychology*, v. 50, p. 392-402, 1986.

KELLEY, N. J. et al. Jealousy increased by induced relative left frontal cortical activity. *Emotion*, v. 15, n. 5, p. 550-5, out. 2015.

LEE, J. A. Ideologies of lovestyle and sexstyle. In: DE MUNCK, V.C. (Ed.). *Romantic love and sexual behavior: Perspectives from the social sciences*. Westernport Connecticut: Praeger, 1998.

LEE, J. A. *The colours of love: An exploration of the ways of loving*. Ontario: New Press, 1973.

PINTO, F. C. et al. Resolution of Othello-like syndrome following ventricular shunting in a post traumatic normal pressure hydrocephalus subject. *Archives of Clinical Psychiatry*, v. 43, n. 5, p. 132-3, 2016.

Capítulo 7:

INSEL, T. R. The challenge of translation in social neuroscience: A review of oxytocin, vasopressin, and affiliative behavior. *Neuron*, v. 65, n. 6, p. 768-79, 2010.

Capítulo 8:

FISHER, H. E. et al. Intense, passionate, romantic love: A natural addiction? How the fields that investigate romance and substance abuse can inform each other. *Frontiers in Psychology*, v. 7, n. 687, mai. 2016.

Capítulo 9:

ACEVEDO, B. P.; ARON, A. Does a long-term relationship kill romantic love? Stony Brook University. *Review of General Psychology*, v. 13, n. 1, 2009.

LEVITT, A.; COOPER, M. L. Daily alcohol use and romantic relationship functioning: Evidence of bidirectional, gender and context-specific effects. *Personality and social psychology bulletin*, v. 36, p. 1706-22, out. 2015.

MYKLETUN, D.; O'LEARY, F. Assessment of male sexual function by the brief sexual function inventory. *BJU International*, v. 97, p. 316-23, fev. 2006.

SCOTT, R.; SMALL, D.; FINKEL, E.. Fatal (fiscal) attraction: Spendthrifts and tightwads in marriage. *Journal of Marketing Research*, v. 48, n. 2, p. 228-237, 2011.

SEIDER, B. H. et al. We can work it out: Age differences in relational pronouns, physiology, and behavior in marital conflict. *Psychology and Aging*, v. 24, n. 3, p. 604-13, 2009.

RUSSELL, V. M.; MCNULTY, J. K. Frequent sex protects intimates from the negative implications of their neuroticism. *Social Psychological and Personality Science*, v. 2, n. 2, 2011.

Capítulo 10:

Em 10 anos, taxa de divórcios cresce mais de 160% no país. *Portal Brasil*, Brasília, 30 nov. 2015. Disponível em: <http://www.brasil.gov.br/cidadania-e-justica/2015/11/em-10-anos-taxa-de-divorcios-cresce-mais-de-160-no-pais>.

FISHER, H. E et al. Reward, addiction, and emotion regulation systems associated with rejection in love. *Journal of Neurophysiology*, v. 104, n. 1, p. 51-60, jul. 2010.

KÜBLER-ROSS, E. *Sobre a morte e o morrer*. São Paulo: WMF Martins Fontes, 2008.

NAJIB. A. et al. Regional brain activity in women grieving a romantic relationship breakup. *The American Journal of Psychiatry*, v. 161, n. 12 , p. 2245-56, dez. 2004.

Este livro foi composto em Adobe Garamond e Sofia Pro Soft e impresso
pela RR Donnelley para a Editora Planeta do Brasil
em abril de 2017.